神と出会うということ

人間の苦悩ゆえに神は悲しまれている

前田　誠

はじめに

第1章 : ＜隠れた＞神

第2章 : 神の歩まれた前史

第3章 : 現代人は, アブラハムのイサク献祭を理解できるか？

第4章：神は喜び悲しまれるのか？(神学的考察)

はじめに

　第二次世界大戦が終戦を迎えた 1945 年の翌年、日本で一冊の本が出版されました。それは、『神の痛みの神学』という本でした。実はこの書物は、北森嘉蔵というキリスト教の神学者が書いた本です。その当時、アメリカ軍の空襲によって、東京や大阪などの大都市のみならず、日本各地の主要な都市は壊滅状態でした。原爆を投下された広島や長崎は、どう見ても今後は、雑草すら芽を出すのに何十年の期間が必要だろうと言われていました。生き残った人々は、ただ一口でも口にできる、食べ物を探し求めていました。それまで多くの男が海外へ出兵していて、日本は婦女子が大半を占めていました。しかし終戦とともに兵士たちが、復員船で次々と焼け野原の地に帰ってきました。私の父もその一人でした。そういう旧兵士たちの中には、学徒出陣で外地に送り出されていった若者たちが多くいました。彼らは出征において、理不尽な戦場に行く事を覚悟しながら、思いのこもった " 万葉集 " などの一冊の愛読書を、こっそりと携えていったそうです。終戦まじかになると、ある特攻隊員は、愛読書の『クロォチェ』の表裏の見返し (表紙を開いたところ) にペン書きした遺書を残したりしたようです。

　ベネデット・クローチェ (クロォチェ) は、イタリアの歴史哲学者で＜反抗の哲学＞として有名。また、アウグスチヌスの研究者に山田晶教授がいます。彼も学徒出陣の一人でした。出陣が迫る日々、静かで不気味な図書館でアウグスチヌスの書物を読んでいたという。海外の海や陸では死闘が繰り広げられて、多くの兵士が血を流していました。そして、ついに山田氏にも召集の時が来て、それまで続けてきた研究ノートに " 生きて帰れたらまた (研究を) 続けよう " と記述したという。こういう人々が生きて帰国すると、当然、＜不条理＞に振り回された戦争などに

ついて、また人生について深く考えたはずです。また戦場に行かなかった人々にも深い懐疑と消失感が襲ったでしょう。戦後、日本を代表するキリスト教思想家となった八木誠一氏でもこのように述懐しています。八木氏の父親は、有名なキリスト者であった内村鑑三の弟子でした。その父親から厳格に教育された八木氏は、中学二年の時に敗戦を迎えています。戦前の軍国主義下の日本では、クリスチャンであることは全く存在できえないような状況であったようです。八木氏は空襲を逃れてか、父親の郷里である長崎県の田舎に疎開していたそうです。そこで上級生たちから酷い陰湿なリンチやいじめにあっていたというのです。そのころの軍国主義の教育の雰囲気とキリスト者としての信仰との板挟みが八木青年を襲っていたのです。そして敗戦がやってきます。そこに出版されたのが北森嘉蔵氏の『神の痛みの神学』です。不思議なことは、ほとんどの出版会社は空爆などで破壊され、また、まず何よりも製本するための良質の紙など見当たらなかったはずです。さらに、その当時、日本にはクリスチャンはほとんど数えるしかいなかったのに、このキリスト教の書物が、燎原の火のごとくに若い人たちや知識人に読まれたのです。ヨーロッパやアメリカは、キリスト者、クリスチャンの国々ばかりで、それらの国の人々ならば何の抵抗もなくこのような書物を読むでしょう。が、日本という国自体は仏教や神道や儒教の国です。なぜかくも人々はむさぼるようにこの『神の痛みの神学』を手に取ったのでしょうか？

　まず問題は " 神 " という言葉の意味です。私自身若いころ外国をよく旅をしました。ヨーロッパやアフリカなどです。ヨーロッパはキリスト教が盛んであり、神といえばユダヤ教やキリスト教の神です。ところがアフリカの特に北アフリカのアルジェリア、チュニジア、リビアやモロッコは、イスラム教がほとんどで、彼らの神はアラーの神なのです。このような一神教の神は、日本人の意味する神とは大いに異なっています。日本人の意識する神はどのようなものだったでしょうか？江戸時代が終わり (1868 年)、日本は明治維新が始まり近代国家を目指します。首都

は古い都、京都から江戸に遷都されて、江戸は東京と命名されます。この新しい明治政府は、京都に隠れるようにおられた天皇を東京に呼んで、日本の指導者としたのです。その論法とは、＜神の子孫である天皇と神国（神の国）＞ということです。阿満利麿氏によると、"明治の国家は、天皇を神の子孫とする神聖国家であり、国家に従順であるということは、このような天皇の神聖視を支える神道的要素をも受け入れることを意味することになる"と述べています。日本人の神、神観にはそういう天皇を中心とした神道的な内容があるのです。

　さらに考えなければならないことは、少なくともユダヤ教やキリスト教やイスラム教という一神教の崇拝する神は、20世紀に至るまで、長い歴史の期間において、神とはアパシー的存在であると信じられてきたことです。アパシーとは無感動、無表情ということです。これは特にギリシャ思想のアリストテレスなどの神観の影響です。だから伝統的なキリスト教の神は無感動な神が通説なのに、北森氏が"神の痛み"ということを説いたこと自体も大変なことなのです。早く言えば北森氏の神観は、既存のキリスト教またはユダヤ教などへの挑戦であり革命だともいえるのです。ただ問題は日本の終戦後、北森氏の『神の痛みの神学』を購入した人々が、この大変な問題意識を理解していたかは疑問です。日本の若者たちやインテリ層が、この本の表題を誤解して購入したようなのです。そのことを野呂芳男という立教大学の教授がこのように述べています。
　野呂氏は北森教授から教えを受けた経験を持っていました。実は北森氏がこの独特の神学を形成されたは、1946年という終戦の翌年ではなく1938年あるいは1939年にすでに基本は形成されていたのだというのです。そのころ日本と中国との間には、戦争が勃発していました。しかし多くの良心的な知識人たちは、それらを道徳的に認めることができず精神的苦悩を味わっていたのだという。野呂氏の推測として、北森氏

も当時の軍部が、中国との戦火の交わりを繰り返すことに対して＜道義的痛み＞を感じていたはずだと述べます。そもそも北森氏はルーテル教会で受洗して、1935 年に日本ルーテル神学校でルターを研究し、1941 年に京都大学で哲学を学び、卒業後は日本ルーテル神学専門学校で教授となり、1943 年にキリスト教の組織神学を教えています。

つまり北森氏は、日本が日中戦争に突入してから太平洋戦争に至るまで、キリスト教を学生たちに教えていたのです。桑田秀延という東京神学大学やフェリス女学院の学長を歴任された人がいます。この人の話によれば、神学校からもほとんどの学生が兵隊にとられたそうです。神社参拝や皇居遥拝を強要されたりして、キリスト教徒は沈黙するしかなかったそうです。例えば、日本と同じような軍国主義下のヨーロッパでは、ナチス・ドイツなどが猛威を振るっていました。後に 20 世紀最大のプロテスタントの神学者と呼ばれるようになるスイスのカール・バルトは、ヒットラーに対抗して"告白協会"を組織しました。また、そのころドイツを代表するキリスト教の神学者のボーンヘッファーはヒットラーに抵抗して処刑されました。

日本の場合、桑田氏はバルトの本を翻訳したりしましたから、軍部から呼び出されて"キリストと天皇はどちらが上か"というような質問を受けたそうです。幼稚な質問ですが、これが最大の鬼門であったようです。当時、キリスト教徒は、神社参拝を拒否して、収容されたりしたようです。ホーリネス系のキリスト教会に対して行われた弾圧は、再臨信仰に対する当局の無理解が原因のようです。北森氏が 1938 年ごろから思想を練り上げてきた『神の痛みの神学』も＜人間の罪と神の審判や刑罰＞というものがその中心的課題であったはずです。北森嘉蔵氏は、満州事変や日中戦争に突っ走っていく問題を、倫理や道義の問題として良心的に苦悩していったのです。しかし、戦争という渦に巻き込まれたキリスト教思想家として、それを人間の罪や神の刑罰という観点で深く考

察しているのです。だから終戦後にこの"神の痛みの神学"を手に取った人々が、このような北森氏の心情や苦悩に本当に共鳴していたのであろうか？と野呂教授は、まず問いかけます。そして、さらに重要な指摘は、兵士であろうと民間人であろうと、軍部や為政者たちの政治、政策に翻弄された日本庶民は、自分たちが選んだわけでもないのに、自分の自由意志ではどうにもならない運命の様なものに、もてあそばされ悲惨な状態で終戦を迎えた。

　このことは、もし、神がいるならば、その神も＜哀れみ＞と＜同情＞をして《痛んで》くださっているだろう、という感じでこの『神の痛みの神学』を購入した、とすれば、これは大変な皮肉であり誤解なのだというのです。つまり、日本庶民や兵士たちのまるで運命に翻弄されたような悲惨な状態、このことは誰一人として同情してくれることない生き地獄のような状態です。ところが、そこに同情して心を痛めてくださるお方 - 神がいた、という驚きからこの北森氏の"神の痛みの神学"を手に取ったのでしょうか？つまり、本当に神は戦火にまみれた人間たちをかわいそうに思い同情されたのでしょうか？

　実はキリスト者である野呂芳男教授はそうではないと言われ、北森氏の『神の痛みの神学』の趣旨も決してそうではないと言うのです。その理由は以下のとおりです。北森氏は、スェーデンのルンド派の思想の影響を受けたという。ルンド派の中心は、『アガペーとエロース』の著者であるニーグレンです。この本は 1932 年に出版されて、元の名前は"キリスト教的愛の観念"というものでした。これは、キリスト教的な愛＜アガペー＞とギリシャ的愛＜エロース＞との違いを述べています。この二つの愛の観念は、相反する根本的宗教観とともに、相反する人生に対する態度でもあります。アガペーは新約聖書の特にパウロが力説する神の愛のことです。そのアガペーの愛の特性は、人間が価値があろうと

なかろうと関係なく注がれる神の愛です。またアガペーの愛は人間の功績には無関係です。だからイエスは〝義人をではなく罪人を招かんがため〟と語られました。神は罪人の罪にもかかわらず愛する愛です。

さて問題はエロースです。これはギリシャのプラトンを代表とするギリシャ神話などに現れる愛のカタチです。このエロースの特徴は、欲求の愛です。自分に欠けた点を補いまた持とうとする努力または欲求です。所有欲です。対象が価値があれば、それに向けて欲求するのです。アガペーが神が人間に向かう愛であるのに対してエロースは、人間がひたすら努力して神に至ろうとする愛です。そして、エロースとは、自我中心、自己中心の愛です。結局のところ、エロースとは異邦や異教の愛のことなのです。アガペーという神の愛を基調とするキリスト教的な考えからすると、エロースの愛の文明は、罪の世界そのものなのです。エロースの世界は、神の愛のない〝不条理〟の渦巻く世界であり、人々は悲惨な運命に翻弄されて〝仕方がない〟とあきらめる世界でもあります。カミュは『異邦人』や『シーシュポスの神話』や『ペスト』などの作品を書いて、不条理の哲学を叙述してノーベル文学賞を取りました。現在、世界はペストに似たコロナ災害によって、このカミュの『ペスト』が大ベストセラーになって読まれているといわれます。このカミュの作品は、第二次世界大戦直後にもベストセラーになりました。それは、戦争や疫病という非情な運命に、自分たちの意志に反して巻き込まれた人間たちの共鳴を得るからのようです。しかし、北森氏の『神の痛みの神学』は、野呂氏によれば、カミュが描く不条理の世界とは全く関係のないものだというのです。何故ならば、ニーグレンの説くエロースの世界は、罪の世界であり、神の怒りと審判の世界だからです。人間が自己中心に欲求するものやその社会は、ことごとくが罪なのです。その罪の人生や社会や世界をさまたげる不条理は、神の特別の顧慮の対象にはならないというのです。

結論から北森氏や野呂氏の説くキリスト教的世界観からすれば、戦争や疫病や運命に翻弄され苦しむ人間たちへの＜同情＞から神が＜痛み＞苦しむのでは決してないというのです。野呂氏はこう結論するのです、"不条理からくる人間の苦しみは、罪に汚れたエロース的な苦しみであり、そのまま神の怒りの対象たる現実である"と。つまり、"国民が種々の意味で苦しみ抜いていた戦時中、あるいは、敗戦直後の状況の中からこの神学は生れてきたものではなく、北森教授自身の岩村信二氏に対する説明では、この神学の基本的な考えは既に 1938 年、あるいは、1939 年に成立していたのである"ということになります。

　わたしのこの書物、"神と出会うということ"は、この北森氏や野呂氏の説く神観に半ば同感するけれども、果たして、神は本当に運命に翻弄され、不条理に苦悩する人間たちに対して何の同情もしない神なのであろうか？ということが執筆の動機になっているのです。そこで私たちは本当の神、真実の神を徹底して考え追い求めていく必要があるのです。その一つのヒントはイエス・キリストの愛は、とても想像すらできない深い愛があり、新約聖書にはスプランクニゾマイとして数々示されているからです。スプランクニゾマイとは、イエスが「憐れに思い」断腸の思いを抱だかれて共に苦しまれたということです。具体的な人間の苦悩を見逃さず、エロースの世界などははるかに無視し超越する、まさしく十字架をも辞さず、自己を無にし犠牲にされる愛だからです。そのイエスの父であられる神は、スプランクニゾマイの根源としての深い愛があられるに違いないし、それは悲惨な人間のために＜真実に痛まれる＞に違いないお方であられるはずです。そこで、読者と共に真実の神を求める道に出発していきましょう。

第1章＜隠れた神＞

わたしの若き日の神との出会いと聖書

　わたしはこれから読者とともに真実の神を探求していくわけですが、ここで読者との接点を求めたいと思うのです。私自身、大学卒業後、日本を離れてヨーロッパやアフリカで働き、現在、アメリカ合衆国のフロリダ州に在住しています。もう日本を離れてから実に長い年月が経ちました。その海外の国々はほとんどがキリスト教やイスラム教を信仰する、いわゆる一神教を信奉する人々が住んでいます。キリスト教やユダヤ教やイスラム教などの教会やモスクが乱立して、人々にとって聖書やコーランはまるで"空気"のように身近で幼児から学び教えられてきたものです。

　ところで今、わたしが読者に提示しているこの"神と出会うということ"の書物はキリスト教思想や聖書を用いて説明しているので、日本の読者が違和感なく読むことができるか？という思いがあります。神は存在するのか、神は一体いかなるお方なのか？を追い求めていくにおいて、既に《はじめに》のところで述べたように一般の日本人には聖書で述べている神が容易には理解しがたいと思うのです。ここで、僭越ながら、日本人である筆者の神に対する考え方がどのようなものであったのかを語っておきます。それは、この書物を読まれる方々の理解が進み、より分かりやすくなるためです。

　わたしが生まれ育ったところは三重県の鳥羽というところで風光明媚な観光地でした。土地の有名人として養殖真珠を発明した御木本幸吉が

いて、今でもミキモト真珠は世界的に知られています。今現在、わたしはアメリカ合衆国に住んでいますが、ハイウェーをドライブすると、目の前に＜ミキモト真珠＞の宣伝版が現れたりします。フロリダには電球や蓄音機などを発明したエジソンの実験場が観光客用に残っていますが、御木本幸吉はこのエジソンと随分交流があったのです。鳥羽の港にはブラジル丸というブラジル移民に使われた大きな船が停泊していて、これも歴史的記念物として観光用に使われています。この町は昔から世界に雄飛したい人々の基地のようでした。もっと意味のあることは、鳥羽は伊勢神宮のおひざ元として長く栄えたのです。わたしの通った高校は伊勢高校といって伊勢神宮のそばに校舎があり、マラソンでは伊勢神宮の外宮の沿道をよく走らされたのです。もちろん小さいころから神宮にはお参りに行っていたのですが、わたしの信仰していたのは、遠い島根県にある出雲大社でした。その不思議な理由は、わたしの母方の祖母が出雲大社を信仰している近所の婦人と友人だったからです。

この藤田という夫人は未亡人で夫は軍人でした。ノモンハンの戦闘で戦車隊長として参戦して、ソ連軍と戦って戦死した大佐でした。その藤田さんの家には、その戦死された大佐の大きな肖像画が飾ってありました。出雲大社はスサノオの尊を祭っていて、スサノオは伊勢神宮のアマテラス大御神の兄弟です。早く言えば、私自身全くの純日本的な神道の雰囲気にどっぷりとつかって成長したのです。ただ、神道というと戦前の軍国主義に利用されて、あまりいい印象はないと思われるのですが、そういう政治的に利用されたいわゆる国家神道とは別に＜宗教的訓練＞は貴重なものです。

内村鑑三といえば明治時代の最大のキリスト者でした。しかしクリスチャンになるまでは八百万の神々を崇拝していたようで、どこにいっても小さな祠（ほこら。ちいさなやしろ）や地蔵などを見かけると崇

拝したといわれます。明治時代にはパトリック . ラフカディオ・ハーン (Patrick Lafcadio ŌHearn) という人がいました。当時珍しく日本国籍を取得した作家で日本民族を研究した人でもありました。

『怪談』などの著作で知られています。島根県に住んでいて、時々、出雲大社を訪れていたようで、"まさしく出雲大社の森こそが宗教の代表的な厳かさを持っている"と絶賛していたそうです。ラフカディオ・ハーンは日本名を＜小泉八雲＞としたそうです。八雲とは、スサノオの尊が日本初の和歌を詠んだ中にある言葉です。「八雲立つ　出雲八重垣　妻ごみに　八重垣作る　その八重垣を」という和歌です。出雲大社の実際の祭神は大国主の尊でスサノオから6代目または7代目にあたります。因幡の白兎（いなばのしろうさぎ）の神話でよく知られています。

この物語は『古事記』に載っているお話で、ウサギがワニに皮をはぎ取られて泣いているときに大国主が通りがかりに助けたという。出雲大社には様々な神話があり、それにまつわる行事がありました。砂浜の砂を手でつかんでそれを無言で持ちながら大社まで運んでお供えするというような。この大国主は、幽界を治めているとかで、死後の世界、霊界の行事がありました。出雲大社の鳥羽支部には、毎月のように神主のような指導者の方が夫人を伴ってこられました。この夫人は霊能者で、霊媒のようなことができたのです。

一方、わたしには熱烈なクリスチャンの伯祖母（ハクソボ）がいました。すなわち私の祖母の姉、堀口きくを女史です。その人の夫は地元の銀行の副頭取でした。しかしこの伯祖母は、この伊勢の地の神道のメッカのような所に、初めてキリスト教の教会立てたその発起人の一人でした。この人は何とか私の家族をクリスチャンに入会させようと、よくわたしの家に聖書をもってやってきました。神道にのめり込んでいた私の

祖母はほとんどキリスト教のことは聞こうとしませんでした。わたしも
聖書をいただいたのですが、そのころは心が動かなかったのです。私の
家族は海岸沿いの家を火事で焼きだされてから山の近くに引っ越してき
たようです。相変わらず大家族でした。曾祖母は神経痛かリューマチで
寝たきり状態で、中学生の自分を大声で呼んで＜介護＞を頼んできまし
た。

　この曾祖母の世話をしたことは、親戚中に有名になりました。"汚い
仕事をあの子（わたし）はよくやるよ！"というのです。しかし、わた
しは曾祖母の世話をするたびに、身近に神を感じたのです。神道のいう
神社の中の神ではなく、普通に我々の近くにおられる神を感じたので
す。十代の後半、思春期になると、人生の問題を考えるようになりまし
た。曾祖母が亡くなったとき、むなしいカゲロウのような世を、はかな
んだり、曾祖父の墓が移転したとき、そこに頭がい骨を見て、郵便局に
勤めていたという曾祖父のむなしい姿にショックを受けました。戦争か
ら帰った父は鋳物の技師で大きな電機工場で働き、祖父は船舶の修理の
工場を持っていて、皆、わたしが科学技術の方面の学校に行くことを願っ
ていました。しかし、そのころ弟が発病し入院し、その病院にいつも訪
問していた父が、病院の近くのバス停のそばにあった大きな穴に落ちて
死んだのです。わたしは変わり果てた父の姿を見て、母や親族に、そう
いう労働者が通勤するような場所に大きな穴を掘るとは、市や建設会社
の責任ではないのかと訴訟を叫んだのですが、誰も訴訟など起こそうと
いう人はいなかったのです。いわゆる田舎の人々の＜泣き寝入り＞です。
そのころ人生について社会について大きな疑問がいっぱいでした。とて
も父や祖父などのように技術者にはなる気持ちはなかったのです。
　高校は三重県下では有数の進学校でした。そしてわたしにとって思い
がけないことが起こりました。１８歳の夏のことです。当時、わたしは
大阪の大学に行くか、それとも東京の大学に行くのか迷っていました。

受験勉強に疲れて顔を参考書にかぶさるようにウトウトと眠っていたのです。すると夢か幻かわからないのですが、一人の老人が現れたのです。顎から下に長いヒゲがあり、わたしの名前、そのころ、"まこちゃん！"と呼ばれていました -- といって "早稲田の方がいいよ！" と語られたのです。それで家族を説得して東京に受験に行くことになりました。しかし見事に不合格でした。

　こうして浪人生となり高田馬場の近くの受験用のアパートで1年過ごすことになりました。田舎から大東京に出てきたわけですが、その狭い三畳の部屋で神秘的な体験をしたのです。あの曾祖母を介護していたときに感じた神のような存在を身近に感じて、そっと語り掛けたのです。するとその小さな部屋にパッと太陽のような光が現れたのです。その後、眠られなくなり、早朝、高田馬場駅の道を歩きながら暗い空を見ると、またそのような光が現れたのです。それは、神社の中の神が実は身近な神であり、宇宙の神に違いない、という思いです。その年の秋が過ぎて、受験勉強も最後のラストスパートのころとなりました。しかし、ふと早稲田大学の学園祭に出かけたのです。いろいろなクラブがありました。そのなかの人生を探求するというサークルの部員と短く話をして、アパートに戻りましたが、後に1週間のセミナーに出るように誘われたのです。わたしは、そのサークルで言われた人生の問題は、大学に入学したら徹底して勉強しようと思っていました。それに、受験の日にちは迫って焦っていました。しかし、狭い部屋で半年以上もほとんど誰とも接触せずに勉強に打ち込んできたのだから、1週間ぐらいは、気晴らしに行こうと決心したのです。

　そのセミナーは文鮮明師の受けた啓示の内容を理論的に解説するという講義でした。そこでの講義は聖書を中心とした内容でした。一番驚いたのは聖書の歴史を説明して、神が歩まれた＜神の歴史＞を講義するこ

とでした。それまでのわたしは、伯祖母。堀口きくを女史の伝道する聖書がなじめなかったのです。そのころ理屈を重んじるわたしにとって聖書の話は、あまりにも簡単すぎるように思えたのです。これは、古代から中世にかけて最大の神学者といわれたアウグスチヌスもそうだったようです。熱心なカトリック信者であった母モニカはアウグスチヌスをキリスト教徒にしようと涙の祈りを続けていたのです。しかし、アウグスチヌスは聖書は論理性がないように見えたのです。それで理屈っぽいアウグスチヌスは長くマニ教徒だったのです。

　マニ教は、３世紀にはじまり、ペルシアのゾロアスター教的二元論をもとに、キリスト教・グノーシス主義・仏教などの混合宗教です。わたしは受験が迫り焦るなかで受講した、聖書を中心とした１週間のセミナーで意外な神に出会ったのです。それまで、簡単な単純な神話の物語に思えた聖書は、整然とした神の科学的論理によって、見事に説明される事を知ったのです。それまでのわたしは、神社の中や森に静かに鎮座されている神を崇拝し、その後、善行を行うと身近に感じられる神を見つけ、さらに、孤独のなかで呼べば光をもって答えてくださる神を発見したのです。
　しかし、その神は実は聖書のなかに自らの歩みを、その人間を救う歴史の背後におられる動的な悲しい神であることを知ったのです。こうしてセミナーの後、大学受験をして無事合格し早稲田大学で西洋哲学のヘーゲルなどを学び、卒論はアウグスチヌス論でした。こうして卒業後、わたしは日本を離れて外国で働くようになったのです。海外での生活の中で、わたしは多く神との出会いをしてきました。このささやかな書物を通して、たとえ聖書を開いたことのない読者であっても是非、神との出会いを求めていただきたいと願うものです。

アフリカ大陸で出会った神

　ここで海外生活の一端を書いておきます。確かに現在の日本は国際的になって、数多くの外国人が訪日するようになりました。しかし当時、日本人以外の外国人と会うことは、東京であっても珍しかったのです。日本を離れて旅立った時、ヨーロッパの空港で見かけた、フランス人らしいフライトアテンダント（以前のスチュワーデス）がまるで無表情な人形のように見えてうろたえたり、パリの食堂で働くベトナム人らしい青年とは片言のフランス語で話したりしました。パリのサンジェルマンにある喫茶店に実存主義のサルトルやボーボワールがよく来るといううわさを聞いて、その店でコーヒーを飲んだりしました。

　その後、スペインのイベリア半島を南下する実にのろのろ走る汽車に乗って北アフリカに向かいました。モロッコ、チュニジア、リビアなどの国々はイスラム教の国々でした。固陋なイスラム教の国々ではアジア系の日本人旅行者はあまり見かけないようで詰問されたこともありました。わたしは " アラーの神もわたしの信奉する神も同じだ " と説明したりしました。北アフリカから飛行機に乗って広大なサハラ砂漠を超えていくと西アフリカです。この西アフリカや中部アフリカなどで２０年近く働いたのです。

　最初は日本の総合商社の現地採用で働き、アフリカ援助活動をしました。例えば、漁業のために日本からの網を配布しようとしたり、サハラ砂漠の近くのマリという国に日本のジーゼル機関車を支援することなども手助けしました。しかし西アフリカのほとんどの国は、旧フランスの植民地で独立後もフランスが陰に陽に大きな影響を持っていました。フランス人のアドバイザー（助言者）たちが出てきて " 遠い（わけもわからないような）日本が援助すると言って、やってくるのは迷惑だ " とい

う感じでした。段々とアフリカの抱える多くの問題がわかってきたのです。

　最大の問題は奴隷貿易の爪痕が深く残っていることです。アフリカ大陸の沿岸には、ザンジバルやゴレなどの小さな島があります。実はこれらは奴隷の集散地でした。大陸の奥地から奴隷狩りにあった人々を集めて、ポルトガル、スペイン、イギリス、スペインの船に積み込まれて、大西洋に向かって南米やカリブ海や北米に連れていかれたのです。それら集散地の島には奥地から長く歩かされて疲弊しきって、岸壁から海に捨てられる者も多くあったそうです。長い船旅の途中にも多くの人々が病気や疲弊して大西洋に投げ込まれたようです。

　この奴隷貿易は１６世紀ごろから始まったようで、悲劇の人々は、合計、１，２００万以上とも３千万人ちかくともいわれます。ヒットラーが殺害したユダヤ人は６００万人です。もちろんアフリカ人たちは、殺害されたわけではありませんが、たとえ生き残っても過酷な強制労働、奴隷労働の生き地獄があったのです。わたしが働いていたころ、アレックス・ヘイリー原作の小説『ルーツ』の映画がアメリカで作られました。これは、西アフリカのガンビアに住んでいたクンタ・キンテという少年が、ある日、ガンビア川を航行する奴隷船につかまってアメリカに連れていかれる物語です。わたしはこの悲しい少年の故郷へ行き、その子孫らしい人に会いました。クンタ・キンテの住んでいたという家はすでに改築されてなかったのですが、その庭にあったキンカンのような木のことが思い出されます。

　また、あるときわたしは、リベリアという国の海岸を歩いていました。すると青年が近寄ってきたので、話をしたのです。この青年は突然、その浅黒い手を差し出して、こう言うのです。"私の肌は黒い。しかし、肌が黒いというだけで多くの先祖は奴隷として捕まり、あの遠いアメリカ大陸などに連れていかれたのです " と遠くの水平線を指さしました。

日本の総合商社をやめて中部アフリカのコンゴ（旧ザイール）という国に行きました。大きな農場や牧畜のマネージャーとして働きました。この国の人々は非常に宗教熱心で様々なキリスト教がありました。しかし、ここも奴隷貿易の深い爪痕が残っていました。たとえ、クリスチャンであっても奥地出身の人と沿岸部出身の人は、会話すらしなかったのです。

　実は奴隷となったのは、クンタ・キンテ少年が奴隷船に捕まえられたというようなケースはまれなようです。ほとんどは弱い部族を強い部族が襲って、その人々を沿岸の部族などを仲買人として、ヨーロッパの奴隷商人に売ったようなのです。だから部族間のみならず、奥地の人々と沿岸部の人々には深い恨みが横たわっているのです。わたしは現在アメリカに居住していますが、多くのアフリカン。アメリカン（アメリカ黒人）に会います。この人々は皆、何代かの先の先祖は、直接ではないとしても、アフリカから奴隷として連れてこられたのです。もちろん、アメリカでその人々の混血は進んできたのですが、わたしは、多くのアフリカの国々で働いてきたので、その人の様相からアフリカの故郷を類推することができます。アフリカン。アメリカンの友人たちからは、よく彼らの先祖の話を聞きました。その友人の祖父、曾祖父ぐらいまで、人間としての尊厳を奪われて、まるで牛馬のように労働させられ差別された話です。わたしが日本を離れて海外に出なかったならば、このような理不尽な世界があることなど、まったくわからなかったでしょう。

　アフリカの沿岸にある奴隷貿易の拠点で、わたしは思ったのです。今から数百年前、何の罪もない無垢なアフリカ人が奴隷狩りに会って、阿鼻叫喚の中、悲惨な有様でこれらの島に集められてたのです。それを見られて、神はいかなるお気持ちだったのでしょうか。それらの人々は牛や馬ではなく、肌の色が違うだけで、まぎれもなく、神の子供たちなのです。わたしは聖書の中の歴史の神を思ったのです。心ある者たちが、

胸つぶれ悲嘆にくれる神のご心情を慰めるべきだと思い立ち止まり祈ったのです。そのときの思いと祈りは確かに神に覚えられていると感じるのです。

　アメリカには白人と黒人の間にある根深い差別意識があります。黒人には多くのうらみがあるのですが、白人は黒人のことに関して"無知"だと感じるのです。白人のみならず世界の多くの人々はアフリカに行ってみるべきなのです。アフリカ社会は確かに先進国のような進歩発展した科学文明の観点からは劣っています。しかしアフリカ古代からの立派な社会的、連体的な伝統があったし、今もあるのです。それらは西欧の植民地政策や奴隷貿易によってズタズタにされてしまったのです。しかし、アフリカは実に貧しいのです。一日一食食べられるかどうかの瀬戸際で飢餓大陸のように苦悩しています。主食はカッサバという芋のようなものですが、猫の額のような小さな畑でそれらを栽培して生きているのです。

　しかし、思い出すのは、よくアフリカ人の友人を訪ねました。すると、わざわざ1、2羽しかいない鶏をさばいて調理して、遠来の客である自分をもてなしてくれたのです。わたしが食べるのを家族で見て微笑んでいるのです。このような犠牲的伝統精神がアフリカ人にはあるのです。しかし私自身このような飢餓大陸で10年以上生活していくと悪名高い風土病のマラリアに何度もかかったのです。第二次世界大戦で日本人の兵隊が南方で戦ったのですが、銃で撃たれて死ぬよりも、このマラリアが最大の敵の一つだったのです。わたしは、からくも生き残り、あるとき弱ったからだでしたが、夜、人を訪問していました。そのころは、ちょうど旧約聖書のヨブのような、日本の友も親族も誰一人、自分の今の立場を理解してくれる人はいないという絶望的な思いがありました。解決の方法も見いだせない悲惨なアフリカのこと、弱った自分の体のみじめな状態や誰に説明しても、まったくわかってもらえない限界状況でした。

よろよろ歩いていた、わたしなのですが、突然、そのとき神の声が聞こえてきたのです。

　それは、"神があなたの状態を知っていれば、それで十分ではないか！"という声です。その言葉が数回繰り返されたのです。わたしは一瞬にして大きな神の愛に包まれた感じでした。深い安心感と喜びが沸き上がり、大粒の涙は嗚咽に代わりました。全身が神の癒しの愛によって復活されるようでした。この時、わたしは神は明確に存在されて、アフリカの悲劇をよく知っておられ、神ご自身が嗚咽され泣かれておられる事をはっきりと知ったのです。

沈黙　祈りにこたえられない神

　まず日本とキリスト教について述べます。キリスト教が伝えられたのは、イエズス会のフランシスコ・デ・ザビエルがやって来た1549年ですが、わずか60年ほどで禁教になります。日本は鎖国政策をとり、それからの約260年間はキリスト教信仰が厳しく禁じられました。中国には、太平天国の乱(1851年-1864年)というキリスト教徒の大きな反乱がありました。日本では、それ以前に島原の乱というキリスト教徒が主体となった一揆(江戸時代の1637年-1638年)がおこりました。

　そのころ日本の南の九州には少なくないキリスト教徒が隠れるようにいたのです。彼らは農民たちとともに総勢3〜勢力で一揆をおこしました。この島原の乱は、幕府軍によって全滅させられます。そののちキリシタン禁制は、より厳しくなるのですが、信徒たちの中には地下に潜るように＜隠れキリシタン＞となって、からくも生き延びていた人々がいたのです。しかし発見されたキリシタンには恐ろしい拷問と処刑が待っていました。遠藤周作というカトリックの作家は、『沈黙』という書物を書きましたが、その内容はそのころの物語です。

この物語には、ポルトガル人の司祭ロドリゴという人物が登場します。島原の乱ののち、ローマのイエズス会には、信じられないようなニュースが入ります。それは、有名な司祭であったクリストヴァン・フェレイラが、日本で布教していたのですが、過酷な迫害と弾圧のすえに棄教(きょう。信仰を捨てること)したというのです。その嘘のような、信じられない報告を確認するために司祭ロドリゴは、日本に派遣されて潜入し

ます。ロドリゴは、隠れキリシタンたちに歓迎されたのですが、密告されて捕らえられます。長崎奉行所でロドリゴは、フェレイラに会います。フェレイラは確かに棄教していて、ロドリゴにも棄教を強いるのです。それを拒否したロドリゴは自ら殉教を覚悟して悪臭のする牢にとらわれます。しかしその夜、一晩中、イビキをかいているような不気味な声が響いてきて、眠られぬ夜を過ごすのです。その声は穴吊りの拷問に架けられた日本人キリシタンのうめき声だったのです。穴吊りの拷問とは、頭の頂点や耳の後ろに穴をあけて、逆さにつるすものでした。そこへフェレイラが現れてロドリゴに語りかけます。そしてフェレイラは、自分も穴吊りの拷問を受けたと語り、この日本人信者の拷問は、あなたロドリゴが棄教しなければ続くのだと迫ります。そしてこう語ります。フェレイラ自身が穴吊りの拷問を受けていても、自分自身は決して神を裏切る言葉を言わなかったと。

「わしが転んだ(棄教した)のではない、いいか。聞きなさい。その

あとでここ (牢) に入れられ耳にした (日本信者の) あの声に、神が何一つ、なさらなかったからだ。わしは必死に神に祈ったが。神は何もしなかったからだ」。フェレイラは、日本のキリシタンがキリストを信じたがゆえに、拷問にかけられて瀕死の苦悩にさいなまれている。それの救助を神に求めても神は何もなさらない、つまり＜神の沈黙＞に絶望したというのです。ロドリゴはフェレイラの語りかけから、自分も今、フェレイラが経験したのと同じ状況にあることがわかります。つまり、ロドリゴが棄教しなければ、拷問を受ける日本信者の穴吊りは続くというのです。ロドリゴは究極の選択を迫られます。まず一つは、自分がキリストへの信仰を持ち続けること。しかしそれは同時に日本人キリシタンへの拷問は続行されることを意味する。もう一つは、自分がフェレイラのように棄教する。そうすれば日本人キリシタンは解放される。そこでついにロドリゴは夜明け前に、長崎奉行所の庭で踏み絵を踏むのです。踏み絵とはイエス・キリストや聖母マリアなどの聖画像のことで、幕府がキリシタン狩りをする目的で考案されたものです。キリシタンであればこの聖画像を足で踏むことができない。ロドリゴは役人の前でこの聖画像を踏んで棄教するのです。

　司祭フェレイラやロドリゴの苦悩は人間の極限状況のなかで、神に助けを懇願したにもかかわらず＜神の沈黙＞が続くだけだった。そこに絶望したというのです。こんなにも人間が苦しんでいるにもかかわらず神は自分たちを無視されるという状況です。いったい神は居られるのだろうか？また居られるとすれば如何なるお気持ちであられるのか？という深い疑問です。

ヨブ記
岩に刻み込まれた義人の受難と＜神の呼びかけ＞

　聖書のなかにはヨブ記がその問題を深刻に記述しています。ヨブ記が書かれたのは、紀元前5世紀から3世紀ごろといわれます。日本の隠れキリシタンの迫害をめぐる司祭フェレイラやロドリゴの神への問いかけ、つまり神を信仰する者や正しいはずの義人たちが、何故受難を通過しなければならないのか？彼らが信奉する神はなぜそういう苦難の時の問いかけに答えられないのか？愛であるはずの神はそういう場合になぜ何も答えられないのか？というようなことがらは、すでにヨブ記などで問いかけられているのです。

　ヨブ記は旧約聖書のなかにあるのですが、旧約聖書という名称はキリスト教の新約聖書に対するものです。ユダヤ教徒は旧約聖書とは呼ばず唯一の聖典としての＜聖書＞です。旧約聖書は、主にヘブライ語で書かれていますが、アラム語も少し入っています。イスラム教もその一部が啓典とされています。旧約聖書に記述されているユダヤ人の歴史は、国家を喪失したり異国に捕囚されたりと、絶えず周辺の異教の大国に翻弄された苦難の姿があります。彼らの信奉する神＜一神教の神としてエロヒームと呼ばれたりヤハウェと呼ばれたり＞にすがり、捨てられ、裁かれ、そして導かれるという運命の中に、神に対する信仰を練りあげられるのです。ユダヤの民族として大きい悲惨さを味あうのですが、ヨブ記はその民族の苦しみよりもヨブという個人の受難が記されているのです（ただ詳しく言えば、ヨブとヨブと対話する三人の友人 - エリファズ、ゾパル（ツォファル）、ビルダドーは皆、正確にはユダヤ人（ヘブル人）ではないといわれます）。

ヨブはまったく正しく、神を恐れ、神に全面的に信頼し、悪に遠ざかる模範的な人間であったとされます。そしてヨブは家庭を営み、男子7人、女子3人の子供を持つ父であり、妻とともに幸福であったという。まったくの富豪で、羊7千頭、ラクダ3千頭、牛5百くびき、雄のロバ5百頭持っていた。遊牧民の首長でした。これは地上における幸福な生活が示されていますが、その後、地上から天上に場面が移動します。神、ヤーウェの前に神の子たち、つまり天使が集まった中にサタンがいたという。サタンとは、明るい面の天使たちに対して、暗い性格を持ち、人間を批判し、人間の欠点を暴露する天使です。この天使の集会、一種の天の会議において神、ヤーウェは、ヨブがいかに正しくて、悪に遠ざかるもので、地上にはヨブの様な者はいないと誇ります。ところが、サタンは「ヨブはいたずらに神を恐れましょうか」と反駁します。＜いたずらに＞という意味は " いわれなくして " ということで、ヨブは神に保護され堅固に守られ、富豪であるからこそ、神に信仰をしているのだという。つまり、生活が満たされているから神を信頼するのだという批判です。ご利益的な信心に違いないというのです。

　そのサタンの皮肉的な嘲笑を神は受けて、それならば、ヨブから地上の幸福を奪ってみろと言います。そこで、サタンはヨブに次々に災難を襲わせます。ヨブは家畜も子供たちもすべて奪われて、妻と二人きりとなります。聖書にはこういう究極の試練の中でもヨブは " 罪を犯さず、また神に向かって愚かなことを言わなかった " とあります。既に述べた " 沈黙 " の物語のなかで司祭フェレイラ自身が穴吊りの拷問を受けていても、自分自身は決して神を裏切る言葉を言わなかったと述べていることを思い出してください。しかし、ヨブの妻は、その不幸ののちヨブが、悪性の皮膚病で夜も昼もさいなんでいる姿を見て、" 神を呪って死になさい " とののしるのです。

このような悲惨なヨブのことを聞きつけてやってきたのが３人の友人です。この友人たちはヨブを慰めるためにやってきたはずなのですが、その語る言葉には冷酷さがあり、ヨブとその家族への批判が感じられたのです。３人共に賞罰応報主義があったのです。つまり聖書を貫く考え方 - 神は正義と公平であるから、善なる行いをしたものには幸福を与え、悪い行いをすれば不幸と裁きをもたらす－という。これは暗にヨブと子供たちには何らかの悪行があったに違いないという非難なのです。エリファズなどは、ヨブに対して理路整然とした意見を述べるけれども、ヨブの絶望的な境地を慰めることはできません。友人たちは、ヨブの悲劇をまるで演劇の舞台を鑑賞している見物人のようなものです。ヨブは、妻や友人などには愛想をつかすかのように、人間たちを見限ってただ神に訴えるのです。" 罪と悪がどれほどわたしにあるのでしょうか。わたしの罪咎 (とが) とを示してください。なにゆえにあなたは御顔を隠し、わたしをあなたの敵と見なされるのですか "(ヨブ記１３章２３－２４節)。ヨブもまた神の＜沈黙＞に直面するのです。そのことを＜隠れた神＞と表現しています。誰もヨブを理解する者はいない、そして神すらも隠れておられるというのです。

　この隠れた神に関しては、イエスの十字架における出来事がその最も代表的な例でしょう。それはゲッセマネとゴルゴタでの内容です。逮捕される前夜、イエスはゲッセマネの庭に行きます。ペテロ、ヤコブ、ヨハネなどの弟子たちを連れていましたが、イエスはひどく恐れ悶え始められた、とあります。イエスは弟子たちに自分は死ぬばかりに悲しいといわれ、そこに留まるよう、そして目を覚ましているように伝えて、こう祈ります。" アッバ、父よ、あなたは何でもお出来になります。この杯をわたしから取り除けてください。しかし、わたしが願うことではなく、御心に適うことがおこなわれますように " と。この杯とは何を意味するのでしょうか。一般的には「死なずにすむように」という祈りで

しょうか。この杯の解釈を神学者のモルトマンは、父から離れることの不安であるという。しかし、イエスの祈りは聞き入れなかったのです。父から見捨てられたのです。このイエスのゲッセマネの祈りに対して神は＜沈黙＞されたのです。この神の＜沈黙＞をマルティン・ブーバーは＜神の闇＞と呼び、ルターは＜隠れた神＞と表現します。

　ヨブ記の特異な点は、最終章に近くになると、38章-42章に、今まで沈黙していた神が突然、嵐の中から現れてヨブに直接、呼びかけられるのです。そしてヨブは＜見神＞にいたります。アウグスチヌスは、その著『告白』のなかで、"私はそれらの書物から自分自身に立ち返るようにと勧められて、あなたに導かれながら心の内奥に入って行きました"、と彼の神体験、＜見神＞を述べています。ヨブはたとえ多くの友人や親族が、悲惨なヨブを励まし慰めようとしても、絶対に心から満足できえなかったのです。ヨブは神の御声をひたすら待っていたのです。

　この人間の心理、つまり誰かに自分の立場を心底わかり、理解し認めてほしいという願いは強烈なものがあります。それは戦争や疫病や不条理な運命に巻き込まれた人々が抱く悲痛な思いでもあります。誰もヨブ自身の立場を理解してくれないと感じたヨブは、"どうか、わたしの言葉が書き留められるように、碑文として刻まれるように。たがねで岩に刻まれ、鉛で黒々と記され、いつまでも残るように。どうか、わたしの言葉が書物に記されるように、鉄の筆と鉛とをもって、長く岩に刻み付けられるように"（ヨブ記19章23-24節）。これは何を意味するのでしょうか？今は誰一人として自分を理解し認めてくれる人はいない。そこで、書物に自分の言葉を書けば後世の人がわかってくれるであろうと。しかし、書物もいつかは朽ち果ててしまう。それならば、岩に鉄と鉛の筆で刻み付ければ、いつかは後世のだれかに自分を理解し認める人が現れるだろう、というのです。ヨブ記は旧約聖書の話ですが、新約聖書の

特に福音書にはイエス・キリストの話が載っています。マタイ、マルコ、ルカ、ヨハネの福音書です。イエスの生涯はヨブの苦悩と酷似しているのです。この福音書を読むとき、もしイエスの十字架の場面を除けば、ある人はイエスの生涯の少なくとも初期の時期は牧歌的な"ガリラヤの春"にふさわしい美しい物語と考えるでしょう。しかし詳しく福音書を読んでみると、初期のころもイエスご自身の願うようなものではなかったことがわかります。特に弟子派遣の後はまさしくイエスの屈辱の時期が始まっていることがわかります。イエスが降臨された目的は"神の国"を実現されるためでした。この"神の国"を実現するために必要なことは、ユダヤ人がイエスをメシヤとして信じることでした。そのために神は洗礼ヨハネをめぐって多くの奇跡を起こされ、またユダヤ人の目前で多くの奇跡を見せられました。

　問題の本質は今まで多くのキリスト教徒は"神の国"とは霊的な天国だと誤解してきたことです。イエスの言う"神の国"は現実の地上に打ち立てる地上天国のことでした。だからイエスは生きて神のこの目的を成就すべきでした。ところが、ユダヤ人たちはイエスをメシヤとして認めず、不信仰に陥っていたのです。イエスが十字架につけられていくとき、二人の犯罪人がイエスとともに、＜されこうべ＞というところに連行されました。そこでイエスは十字架にかかり、犯罪人の一人は右に一人は左に付けられました。イエスは十字架上でその人たちやユダヤ人のためにとりなしの祈りをされます。民衆はイエスをあざけり侮辱し続けます。十字架上の左の犯罪人はイエスをののしります。ところが驚いたことには、右側の犯罪人が"この方（イエス）は何も悪いことをしていない"と語り"イエスよ、あなたの御国（神の国）においでになるときには、わたしを思い出してください"というのです。

　するとイエスは"はっきり言っておくが、あなたは今日わたしと一緒に楽園にいる"と言われたのです。この最後のイエスの言葉を、多くのキリスト教徒はこの場面から、犯罪人は改悛したことを示し、キリスト

教会はこの犯罪人の改悛こそがわたしたち罪びとすべての象徴であると考えます。罪びととは罪を通じて救いを見出し、改悛によって神の国に入ることを許されるというのです。しかしここで、ではイエスのその時のお気持ち、ご心情はいかなるものであられたかに思いを巡らせる必要もあるのです。普通のキリスト者であれば、イザヤ書５３章に預言されているように、その予定どうりに十字架の受難を受けられたのだからご満足されたのではないかと考える人も多くいるでしょう。しかしすでに述べたようにイエス降臨の目的はユダヤ人たちがイエスをメシヤとして信じて、＜生きて＞地上に " 神の国 " を打ち立てることでした。ところが１２弟子たちも逃げていき、誰一人として、イエスをメシヤとして信じない、つまり、メシヤとして認めない、承認しない、というご生涯最後の時に、思いがけなく、十字架上の右につけられていた犯罪人がイエスを認めたのです。ヨブの例で言えば " イエスのご心情を岩に刻み付けたい " お気持ちだったはずです。しかし、思いがけなく、右の犯罪人が自らの罪を悔い改めて、イエスを証ししたのです。この右側の犯罪人は霊的な救いを受ける出発、ヨーロッパのキリスト教圏の始まる起点となったのです。

　聖書から少し離れて哲学や心理学の意見を述べてみます。有名な心理学者であったウイリアム・ジェームズは " 人間の持つ性情のうちで最も強いものは、他人に認められることを渇望する気持ちである " と言っています。それは、単なる人間の希望とか望みとかではなくて、たえず揺さぶって焼け付くような渇きこそが＜他人に認められたい＞ということだというのです。哲学者のヘーゲルを独自に解釈した、ロシアのコジェーブは、ヘーゲルの歴史観にある＜認知＞を重要視しました。歴史を動かす原動力とは何か、をめぐって様々な意見がありました。マルクスは、生産力と生産関係の経済を歴史を動かすものだと論じました。それらに対してヘーゲルははるかに深い人間の本性に着目します。それは科学の

発展への欲望などの経済とは全く無関係な人間の特性です。それは、＜他人から認められようとする、認知を求める＞ところにある、と述べたのです。

　では何故、人間は他人に承認、認知してもらいたいという渇望があるのでしょうか？他人に認められないということは、そこに＜愛＞の関係性がないことをも意味します。リレーションがないのです。それは、孤立、＜孤独＞の状態です。相手が自分を認めてくれて、そこにリレーション、関係が感じられると、人間は不安や孤独や困難を乗り越えることができるのです。精神分析学者のエーリッヒ。フロム (Fromm、Erich) は、その名著『愛するということ』の中で、このように述べています。人間の最も強い欲求とは、孤立を克服し、孤独の地獄から抜け出したいという欲求である、と言います。いかなる時代やいかなる社会においても、人々の究極の願いは、個人的な生活を超越して他者との一体化、合一を得るかだとも。例えば、その願いは、原始人、遊牧民、エジプトの農民、フェニキアの商人、ローマの兵士、中世の僧侶、日本の侍、現代の事務員や工員もみな同じだというのです。

　この大問題、つまり孤独の牢獄からの脱出のために、様々な方法を考え出しました。動物崇拝、人間の生け贄、軍隊による征服、贅沢 (ぜいたく) にふけったり、禁欲的にすべてを断念し、仕事に熱中し、芸術創造に打ち込み、とこの記録こそが人類歴史だというのです。原始時代の人間はちょうど幼児期のように＜私＞の発達がまだなくて、個人として独立していません。丁度、母親の乳房や肌に触れていれば、その孤独感は癒されます。これと同じように、原始時代の人間は、母なる大地や自然との一体感を抱いています。トーテムや動物神の崇拝です。そして、さらに孤独を脱却する方法が、祝祭的興奮状態です。祭りの時の酒類や麻薬などによる乱痴気騒ぎです。この状態は外界からの孤独感が消えて、共同で祭りをするので、集団との融和を感じるのです。現代もニヒリズ

ムや個人主義がはびこって、欧米ではこの原始的解決法に手を出す人も
います。それが、アルコール中毒や麻薬常用です。

　ところが、原始時代と異なる現代社会では、アルコールや麻薬に染ま
ることは、罪悪感と良心の呵責の中で、ますます孤立感が深まり、泥沼
に入っていきます。そこで現代心理学や精神分析学で強調するのは、リ
レーションの大切さです。リレーションとは愛のことでもあります。こ
れは孤独地獄の中の人々は、他人や外界から孤立しているのですから、
そこにリレーション(関係性)をもつことなのです。それには、まずエ
ンカウンター(心のふれあい)が重要であるというのです。非行少年は
誰とも心の触れ合いがないので孤立感が強いと言います。有名な心理学
者の国分康孝氏は、人を裁かず許す姿勢が重要だと言います。そこには
リレーションがあるのです。つまり愛があるのでお互いに恐れがない。
生徒ならば、とがめられる不安がないので自分のあるがままの姿を隠す
必要がない。A.S. ニイル (Neill、AlexanderSutherland) はイギリスの新
教育運動の教育家です。その著『サマーヒル - 人間育成ついての根本的
アプローチ -』には、エーリッヒ・フロムがこの主張に賛同して「前文」
に論考を寄せています。ニールは自らサマーヒル・スクールという学校
を創設しました。この学校は「世界で一番自由な学校」として知られて
います。ニールもリレーションという＜愛＞のある師弟関係を強調しま
した。生徒が先生に対してまだ、尊敬、恐怖、気がねを持っていること
は、もしかしたら罰せられるかもしれないという不安がある、そのよう
な関係性だというのです。文句を言われたり、裁かれたり、というよう
な怖さがあれば、人間はいつも安心できないのです。

　エーリッヒ・フロムはニイルの教育に＜生＞を愛する (to love life)
「愛生」(Biophilia) の思想を見たのです。さて、人間が他人を認めるこ
とができず、また他人から認めてもらえず、愛の関係が築けない根本的

原因は、相手の価値を認めることができず、価値を認めてもらえないということです。いかなる人間も自尊心とか気概というものがあるのです。そして、では何故、人間には自尊心があるのかと問うと、やはり聖書の話になるのです。旧約聖書の創世記に「神はご自分にかたどって人を創造された」(創世記1章27節)とあります。つまり、人間は神のイメージとして創造されたということです。だから人間は他人にそのような価値のある存在として認められたい、という渇望にも似た思いがあるのです。歴史はすべての人間が、価値ある尊厳性を持った存在として認められるまで満足せず、多くの闘争や革命があるのです。現在は民主主義が登場してあたかもすべての人が平等や自由や尊厳を得た、つまり＜歴史の終わり＞となったといわれます。特に冷戦の終結後、そのように主張されます。

　しかし、人間の最終的な渇望は人間同士で認め合っても最終的な満足には至らないのです。神に認められることを願うのです。ヨブは最終的に神に出会うのです。ところが神のヨブへの呼びかけは思いもよらない言葉で始まります。それも嵐の中から"これは何者か。知識もないのに、言葉を重ねて神の経綸を暗くするとは。男らしく、腰に帯をせよ。わたしはお前に尋ねる、わたしに答えてみよ。"(ヨブ記38章2-3節)。そして神は次から次へと自らが創造された自然や宇宙やの森羅万象を壮大にまた精緻に語るのです。確かにヨブは幼少より自然界には接していたし、また神を信仰していたのです。が悲惨な受難の数々を体験して霊の目が開けたのです。神と自然を、全く異なった観点からみることができるようになったのです。自然や天空は、書物の聖書よりもはるかに深遠で神の心情と愛があふれているのです。

　新約聖書にはパウロの書簡が多くを占めていますが、そのパウロもヨブのような実に苦難の伝道の生涯を送った人でした。AD46に伝道旅行に出発し幾多の苦難を経験します。パウロが逮捕されたり拷問されたり

して牢獄にとじこめられたなかで執筆されたといわれる、エフェソの信徒への手紙、フィリピの信徒への手紙、コロサイの信徒への手紙、フィレモンへの手紙などがあります。その内容について、"彼らはキリストの僕なのか。わたしは気が変になったようになって言う、わたしは彼ら以上にそうである。苦労したことはもっと多く、投獄されたこともっと多く、むち打たれたことは、はるかにおびただしく、死に面したこともしばしばあった。

　ユダヤ人から四十に一つ足りないむちを受けたことが五度、ローマ人にむちで打たれたことが三度、石で打たれたことが一度、難船したことが三度、そして、一昼夜、海の上を漂ったこともある。

　幾たびも旅をし、川の難、盗賊の難、同国民の難、異邦人の難、都会の難、荒野の難、海上の難、にせ兄弟の難に会い、労し苦しみ、たびたび眠られぬ夜を過ごし、飢えかわき、しばしば食物がなく、寒さに凍え、裸でいたこともあった。なおいろいろの事があった外に、日々わたしに迫って来る諸教会の心配ごとがある"(コリント人への手紙二。11章)。

カール・ヒルティ (CarlHilty) は、19世紀のスイスのキリスト教思想家で、宗教的倫理的著作である『幸福論』、『眠られぬ夜のために』の著者として有名です。ヒルティ-は、パウロ書簡のエフェソの信徒への手紙のなかでパウロが"時をよく用いなさい"と述べている個所から、この意味は時を利用しつくす、せっかちや焦燥にも解されて、いかにパウロが落ち着きのない活動欲に満たされていたかを示している、と述べています。ところが、パウロの晩年の書簡は、慰めに富み、霊的内容の深さが現れていて、神の導きによって、もともとパウロの気質になかった平安をあたえられている、と言う。例えば、パウロの人生の後半期、AD57－58年にコリント伝道をしてローマ人への手紙(ローマ書)を執筆します。このあたりで逮捕されてエルサレムへ帰還し逮捕されて、ローマへ護送されて AD64 年に殉教します。ローマの信徒への手紙は、多

くの苦難を経た晩年のパウロの書簡です。そこに至って、パウロもまた自然の背後に存在する神がよく分かったのです。

パウロもこう言います。"世界が造られたときから、目に見えない神の性質、つまり神の永遠の力と神性は被造物に現れており、これを通して神を知ることができます"(ローマ信徒への手紙1章20節)。人間は本当の神に出会うとき、その聖と壮大さと深い愛に触れるのです。すると自己の尊厳性とか自分の価値のいかに乏しいものであるかを悟るのです。そして"自分を退け、悔い改めます"(ヨブ記42章)となります。これはあらゆる宗教の究極的境地つまり自己を無にする、自己否定ということ、そしてそこから真実の自己、価値ある自己が生まれ復活するのです。

今まで述べてきたのは人間がひたすら神を探し求め、ある時は＜神の沈黙＞に絶望し、またある時は突然の＜神の呼びかけ＞に驚くということを見てきました。図式的に言えば、ひたすら下から上に向かう人間の姿です。しかし不思議なことですが、ほとんどの人間は、では探し求め頼り求める神ご自身はどういうお方であり、いかなるご心情をもたれておられるのか？を真摯に問い求めた人はあまりいないのです。それはちょうど家庭において、幼児期や少年時代や思春期においてすら、私たちはその両親が一体どういう気持ちであるのか？をほとんどわからないのと同じでしょう。ところがわたしたちが成人して結婚し子供を作り、そしてその子供たちに接していくと段々と親の気持ちがわかってくることに気が付いてきます。"ああ！自分の親はこういう気持ちで自分に対していたのだな"という具合です。ヨブも様々な艱難辛苦のすえに自らの霊性が練り鍛えられて＜見神＞つまり神と波長が合ったのです。

詩編　船乗りと嵐　試練を与える神

　旧約聖書のなかには、ヨブ記の次に、味わい深い " 詩編 " があります。150 篇よりなっていて神 (ヤハウェ) への賛美、感謝、信頼、嘆願などの詩が述べられています。

詩編 107 篇　　23 － 32 節。

" 彼らは、海に船を出し　大海を渡って商う者となった。彼らは深い淵で主の御業を　驚くべき御業を見た。主は仰せによって嵐をおこし波を高くされたので　彼らは天に上り、深淵に下り　苦難に魂は溶け酔った人のようによろめき、揺らぎ　どのような知恵も呑み込まれてしまった。苦難の中から主に助けを求めて叫ぶと主は彼らを苦しみから導き出された。主は嵐に働きかけて沈黙させられたので波はおさまった。彼らは波が静まったので喜び祝い望みの港に導かれて行った。主に感謝せよ。主はいつくしみ深く人の子らに驚くべき御業を成し遂げられる。民の集会で主をあがめよ。長老の集いで主に賛美せよ。"

　この詩編の内容を、先ほど読んできたヨブ記への学びから吟味してみましょう。無神論者や信仰の浅い人々がこの文章を読んだとき、ただ単純にこのような感想を持つことでしょう。人生行路を大海を、航行する船に例えることはよく知られています。その海路において思いがけない嵐、台風、ハリケーンが起こります。それはあたかも、人生行路における失業や財政破綻や大病や離婚などの禍に匹敵します。それに対して因果応報を信ずる人は " しかたがない " と諦観したり、運が悪かったと自分の運命をあきらめたりします。また何かの宗教を信ずる人は祈ったりして、それを乗り越えようとします。この詩編 107 篇は、ヨブ記と少し違った内容の物語です。ヨブ記の場合は、天使のなかの闇の天使であるサタンがでてきます。そしてサタンがヨブに様々な災難を浴びせかけ

るのです。神はそれを容認しているという図式です。ところがこの詩編の物語では〝主は仰せによって嵐をおこし波を高くされたので彼らは天に上り、深淵に下り苦難に魂は溶け酔った人のようによろめき、揺らぎどのような知恵も呑み込まれてしまった〟とあります。つまり、サタンの業というよりは、神、主が直接に嵐を起こしているのです。これをわたしたちは、どのように解釈すればよいのでしょうか?

　そして聖書をもう一度調べてみると多くの箇所において、神ご自身が、人間に直接的にあらゆる災いをおこし懲(こ)らしめていることがわかります。例えば、ヤコブが、ハランの地から帰郷してきて、兄エサウに会おうとしたときのことです。そこに＜ヤボクの渡し＞がありました。ヤコブは、兄を非常に警戒していました。それで連れてきた家族をまず川を渡らせて、自分は一人後に残ったのです。その夜のことです。神はヤコブに天使を使わせて、ヤコブと格闘させたのです。夜を徹して二人は戦ったのです。夜明け前、天使はヤコブに勝てないことがわかって、ヤコブの腿(もも)の関節を打って、ヤコブに〝イスラエル〟という名前を与えたのです。これがイスラエル民族の出発となるのです。ヤコブは〝わたしは顔と顔とを合わせて神を見たのに、なお生きている〟といってその場所をペヌエル＜神の顔＞と名前を付けたのです(創世記32章)。ここで知ることは、神ご自身が天使を使わせたということです。

　さらにもっと驚くべきことは、モーセの歩みにこういう例があります。イスラエル人(ヘブライ人)のモーセは、エジプトの王宮でファラオの王女によって育てられます。そのころイスラエル人(ヘブライ人)は奴隷として虐げられていたのです。あるとき成人となったモーセは、一人のイスラエル人の奴隷がエジプト人に打たれている光景に接して、そのエジプト人を殺してしまいます。そして王宮から追われてしまうのです。行きついたところは、ミディアン荒野でした。モーセはその地で結婚し

ます。ある時、羊の群れを追っていたモーセは、神の山であるホレブに
やってきて燃える柴を見ます。その柴の中から神は、モーセに声をかけ
るのです。そして、エジプトに帰ることを命じるのです。エジプトによっ
て虐げられ奴隷とされているイスラエル人を、連れ出せというのです。
当然、モーセはたじろぎます。モーセは様々な言い訳をして神の命令を
否定します。神はモーセに、神がファラオの前で奇跡を起こすといわれ
るのです。こうしてモーセは妻子を連れて、手には神の杖を携えてエジ
プトに出発したのです。ところが、エジプトへの旅を続けて、途中、あ
る所に泊まった時、神、主はモーセと出会い、彼を殺そうとしたのです。
そのとき、妻のツィポラが、とっさに石刀をとって息子の包皮を切り取
り、モーセの両足につけて神に許しを乞うたのです。こうしてモーセは
助かったのですが、これもヤコブのヤボクの渡しの時のような不思議な
神の試練です。さきほどの詩編にあるように " 主が命じられると暴風が
起こって、海の波を上げた " のです。勇気が溶け去り、絶望に陥れたの
は、神だというのです。旧約聖書のアモス書には、" 主なる神は、その
しもべである預言者にその隠れたこと (Hissecret) を示さないでは何事
もなされない "(アモス書３章７節)。ここでも＜隠れたこと＞ (Hissecret)
とあります。

　宗教改革を起こしたマルティン・ルターは＜隠れた神＞を重要視しまし
た。このような神は、表面的な見方では、わたしたちは、真のお姿を発見
できないのです。隠れた、沈黙した神を人間が発見するには＜信仰＞が要
求されるのです。" 神、主が直接に嵐を起こしている " を＜信仰＞をもって
見つめることです。アウグスチヌスは、西洋、特に中世における最大の神
学者です。彼はこのような巧みな比喩でそのことを説明しています。" 秩序
" という論文の中で、それは一枚の刺繍の布のようなものだというのです。
世の中や人生の矛盾や不可解なことにのみとらわれていることは、その刺
繍の裏側を見ていることだというのです。そこには乱雑な様々な糸がか

らみあって、何が何だかよくわかりません。しかしその刺繍を表に翻すと、そこには美しい景色や自然や見事な肖像が描かれているのがわかるというのです。この世界や人生を、因果応報の法則や常識的な倫理道徳や薄っぺらな人生観をもって見たり、信仰者であっても浅い信仰や宗教意識だけで見るとき、まさしく＜人生は苦海＞であるとか＜神はいない＞とか＜神の沈黙＞とか＜隠れた神＞としか考えられません。しかし本当の＜信仰＞をもって、考え見てみるとそこには整然とした＜神による秩序＞が現れるというのです。詩編にはこのように、"苦難の中から主に助けを求めて叫ぶと主は彼らを苦しみから導き出された。主は嵐に働きかけて沈黙させられたので波はおさまった。彼らは波が静まったので喜び祝い望みの港に導かれて行った"とあります。これは確かに暴風を起こしたのは神ですが、その神は冷酷な無情な神ではなく、呼べば答えてくれる人格を持たれたお方なのです。

ヒゼキヤ王の涙の祈りと神の応答

深刻に呼べば答えてくださる神について有名な話があります。ヒゼキヤは、紀元前700年ごろのユダの国の王でした。若いころに王位に就いたのですが、そのころはアッシリアの属国の様な状態でした。父アハズ王は、アッシリアにこびへつらって偶像崇拝を容認していたのですが、ヒゼキヤはヤハウェ信仰を復興させたのです。旧約聖書＜歴代誌下＞には、"ヒゼキヤは、父祖ダビデが行ったように、主の目にかなう正しいことをことごとく行った"とあります。しかし、ヒゼキヤ王の治世第14年に、アッシリア王センナケリブが攻め込んできます。そして、完全な降伏を迫ります。そしてアッシリア王は、ユダの国のリーダーたちに神、主を捨て去ることを告げます。ヒゼキヤ王はこれらを聞くと衣を割いて、荒布を身にまとって主の神殿に行きます。そして、高官を預言

者イザヤのところに遣わします。預言者イザヤは、アッシリア王について、" 彼はこの都 (エルサレム) に入城することはない " と述べて、アッシリア軍は来た道を引き返していくと告げます。そのとうりに、主の使いが現れて、アッシリア軍の大群は殲滅されて、アッシリア王センナケリブは帰っていき、アッシリアの首都ニネベの町に引きこもっていきます。

　ところが、そのころヒゼキヤ王は、神の定めのような死の病にかかっていました。預言者イザヤが訪ねてきて、" あなたは死ぬことになっているのだから、家族に遺言をしなさい " と言います。ヒゼキヤ王は顔を壁に向けて、主にこう祈ります。「ああ、主よ、わたしがまことを尽くし、ひたむきな心をもって御前を歩み、御目にかなう善いことを行ってきたことを思い起こしてください」。こう言って、ヒゼキヤは涙を流して大いに泣いた、というのです。このように祈祷をもって、神を切実に求めるとき、神は実は絶対に無視しないのです。その訴えに無関心ではないのです。なぜならば、普通の我々人間でも、深刻に訴えれば人を動かせるのですから、神が動き給わないはずはないのです。ヒゼキヤ王のこの大いなる涙の祈りは、3 つの重大な結果を生んだのです。それはまず、神の定めた死ぬべき神の聖なるみ旨を変更されたこと。実際に、ヒゼキヤは 15 年生き延びたのです。さらに、アッシリア王の手からヒゼキヤ王とこの都を救い出し守り抜く、と約束されたのです。これらの証拠、与えられたしるしがあります。つまり、主が約束されたことを実現することの証拠です。それは、" わたしは日時計の影、太陽によってアハズの日時計に落ちた影を、十度後戻りさせる " と言われたことが実現したことです。それに、ヒゼキヤの死の病も癒されたのです。

　＜神は人間よりもはるかに敏感であり給うのです＞と言いました。実は神は、慈悲深くまた深い真実の愛のお方なのです。人間は神のイメージとして創造されたということは、人間を神の子供として創造されたと

いうことです。＜沈黙＞や＜隠れた＞ような神の背後にある真実のお姿を知る必要があります。イエス。キリストは誰よりも神を深く知っておられました。

マタイによる福音書には、"だから、言っておく。自分の命のことで何を食べようか何を飲もうかと、また自分の体のことで何を着ようかと思い悩むな。命は食べ物よりも大切であり、体は衣服よりも大切ではないか。

空の鳥をよく見なさい。種も蒔かず、刈り入れもせず、倉に納めもしない。だが、あなたがたの天の父は鳥を養ってくださる。あなたがたは、鳥よりも価値あるものではないか。

あなたがたのうちだれが、思い悩んだからといって、寿命をわずかでも延ばすことができようか。

なぜ、衣服のことで思い悩むのか。野の花がどのように育つのか、注意して見なさい。働きもせず、紡ぎもしない。

しかし、言っておく。栄華を極めたソロモンでさえ、この花の一つほどにも着飾ってはいなかった。

今日は生えていて、明日は炉に投げ込まれる野の草でさえ、神はこのように装ってくださる。まして、あなたがたにはなおさらのことではないか、信仰の薄い者たちよ。

だから、『何を食べようか』『何を飲もうか』『何を着ようか』と言って、思い悩むな。

それはみな、異邦人が切に求めているものだ。あなたがたの天の父は、これらのものがみなあなたがたに必要なことをご存じである。

何よりもまず、神の国と神の義を求めなさい。そうすれば、これらのものはみな加えて与えられる。

だから、明日のことまで思い悩むな。明日のことは明日自らが思い悩

む。その日の苦労は、その日だけで十分である "(マタイによる福音書
6 章 25 － 34 節)。この中で、イエスも自然の鳥や草花について述べて、
＜信仰の薄い者たちよ＞と言っておられます。

第2章　神の歩まれた前史

神の二つの名前、エロヒームとヤハウェ

旧約聖書。創世記第1章:

1　はじめに神 (エロヒーム) は天と地とを創造された。

2　地は形なく、むなしく、やみが淵のおもてにあり、神 (エロヒーム) の霊が水のおもてをおおっていた。

3　神 (エロヒーム) は「光あれ」と言われた。すると光があった。

4　神 (エロヒーム) はその光を見て、良しとされた。神 (エロヒーム) はその光とやみとを分けられた。

5　神 (エロヒーム) は光を昼と名づけ、やみを夜と名づけられた。夕となり、また朝となった。第一日である。

6　神 (エロヒーム) はまた言われた、「水の間におおぞらがあって、水と水とを分けよ」。

7　そのようになった。神 (エロヒーム) はおおぞらを造って、おおぞらの下の水とおおぞらの上の水とを分けられた。

8　神 (エロヒーム) はそのおおぞらを天と名づけられた。夕となり、

また朝となった。第二日である。

9　神 (エロヒーム) はまた言われた、「天の下の水は一つ所に集まり、かわいた地が現れよ」。そのようになった。

10　神 (エロヒーム) はそのかわいた地を陸と名づけ、水の集まった所を海と名づけられた。神 (エロヒーム) は見て、良しとされた。

11　神 (エロヒーム) はまた言われた、「地は青草と、種をもつ草と、種類にしたがって種のある実を結ぶ果樹とを地の上にはえさせよ」。そのようになった。

12　地は青草と、種類にしたがって種をもつ草と、種類にしたがって種のある実を結ぶ木とをはえさせた。神 (エロヒーム) は見て、良しとされた。

13　夕となり、また朝となった。第三日である。

14　神 (エロヒーム) はまた言われた、「天のおおぞらに光があって昼と夜とを分け、しるしのため、季節のため、日のため、年のためになり、

15　天のおおぞらにあって地を照らす光となれ」。そのようになった。

16　神 (エロヒーム) は二つの大きな光を造り、大きい光に昼をつかさどらせ、小さい光に夜をつかさどらせ、また星を造られた。

17　神 (エロヒーム) はこれらを天のおおぞらに置いて地を照らさせ、

18　昼と夜とをつかさどらせ、光とやみとを分けさせられた。神は見て、良しとされた。

19　夕となり、また朝となった。第四日である。
20 神 (エロヒーム) はまた言われた、「水は生き物の群れで満ち、鳥は地の上、天のおおぞらを飛べ」。

21　神 (エロヒーム) は海の大いなる獣と、水に群がるすべての動く生き物とを、種類にしたがって創造し、また翼のあるすべての鳥を、種類にしたがって創造された。神は見て、良しとされた。

22　神 (エロヒーム) はこれらを祝福して言われた、「生めよ、ふえよ、海たる水に満ちよ、また鳥は地にふえよ」。

23　夕となり、また朝となった。第五日である。

24　神 (エロヒーム) はまた言われた、「地は生き物を種類にしたがっていだせ。家畜と、這うものと、地の獣とを種類にしたがっていだせ」。そのようになった。

25　神 (エロヒーム) は地の獣を種類にしたがい、家畜を種類にしたがい、また地に這うすべての物を種類にしたがって造られた。神 (エロヒーム) は見て、良しとされた。

26　神 (エロヒーム) はまた言われた、「われわれのかたちに、われわれにかたどって人を造り、これに海の魚と、空の鳥と、家畜と、地のすべての獣と、地のすべての這うものとを治めさせよう」。

27　神 (エロヒーム) は自分のかたちに人を創造された。すなわち、神 (エロヒーム) のかたちに創造し、男と女とに創造された。

28　神 (エロヒーム) は彼らを祝福して言われた、「(生育せよ) 生めよ、ふえよ、地に満ちよ、地を従わせよ。また海の魚と、空の鳥と、地に動くすべての生き物とを治めよ」。

29　神 (エロヒーム) はまた言われた、「わたしは全地のおもてにある種をもつすべての草と、種のある実を結ぶすべての木とをあなたがたに与える。これはあなたがたの食物となるであろう。

30　また地のすべての獣、空のすべての鳥、地を這うすべてのもの、すなわち命あるものには、食物としてすべての青草を与える」。そのようになった。

31　神 (エロヒーム) が造ったすべての物を見られたところ、それは、はなはだ良かった。夕となり、また朝となった。第六日である。

第 2 章
1　こうして天と地と、その万象とが完成した。

2　神 (エロヒーム) は第七日にその作業を終えられた。すなわち、そのすべての作業を終って第七日に休まれた。

3　神 (エロヒーム) はその第七日を祝福して、これを聖別された。神がこの日に、そのすべての創造のわざを終って休まれたからである。

4　これが天地創造の由来である。((**創造物語 A の終わり**))。

((創造物語 B の始まり))

　＜主なる神＞ (ヤハウェ。エロヒーム) が地と天とを造られた時、

5　地にはまだ野の木もなく、また野の草もはえていなかった。＜主なる神＞ (ヤハウェ。エロヒーム) が地に雨を降らせず、また土を耕す人もなかったからである。

6　しかし地から泉がわきあがって土の全面を潤していた。

7　＜主なる神＞ (ヤハウェ。エロヒーム) は土のちりで人を造り、命の息をその鼻に吹きいれられた。そこで人は生きた者となった。

8　＜主なる神＞ (ヤハウェ。エロヒーム) は東のかた、エデンに一つの園を設けて、その造った人をそこに置かれた。

9　また＜主なる神＞ (ヤハウェ。エロヒーム) は、見て美しく、食べるに良いすべての木を土からはえさせ、更に園の中央に命の木と、善悪を知る木とをはえさせられた。

　注意深い読者であるならば、以上に記した旧約聖書の創世記の第 1 章から第 2 章を読み始めて、少しく疑問がわくことがあるでしょう。それは、創世記の天地創造の物語 (創世記 1 章 -2 章 4 節) が終わって 2 章 4 節 (後半) になると、突然、神の名前が変わるのです。上記の日本語の聖書では、それまでは神 (elohim。エロヒーム) と表記していたのが、2 章 4 節 (後半) になると、＜主なる神＞ (yahweh elohim。 ヤハウェ。エロヒーム) となるのです。つまり、神は固有名詞では、ヤハウェと呼ばれるようになり、そこに今まで使われていた普通名詞エロヒーム

が付くのです。英語訳聖書においては、ヤハウェは＜主＞と訳されます。それで、ある学者は、前者の第一の創造物語と後者の第二の創造物語と分ける人もいます。以後、わたしは、この第一の創造物語を、＜創造物語Ａ＞とし、第二の創造物語を、＜創造物語Ｂ＞と呼ぶことにします。しかしこの両者、つまり第 1 章から第 2 章は別の話ではないのです。ただ 2 章になると神は超越した実在者ではなく、より人間に近い存在になるように見えます。「旧約聖書」は、全 39 巻からなるのですが、＜モーセ五書 (律法) ＞。＜歴史書＞。＜文学 (諸書) ＞。＜預言書＞の 4 つの部門に分かれています。＜モーセ五書＞は、創世記やそれに続く出エジプト記。レビ記。民数記。申命記から成っています。しかし、ごく最近までそれらは、単純にモーセが記述した神の言葉だとみなされてきました (だとするとモーセが神をヤハウェ。エロヒームの二つの異なる名前で呼んだことになりますが。。)。しかし、近代に入って批判的旧約聖書学が起こってきました。宗教改革それと啓蒙思想の影響です。

　ボーデンシュタインという学者は、1520 年に、＜モーセ五書＞の最後の申命記のなかで、モーセが自分の死亡記事を書いたとなっていることに疑問を投げかけました。更に考古学の発達が旧約聖書の歴史性を見直し始めました。例えば、モーセの後を引き継いだヨシュアがカナンの地に入り、エリコの城を七回回って七度目のラッパを吹いたところ、その城はたちまち崩れ去ったという。このエリコ城の陥落は有名な話です。ところが考古学者のウィリアム・F・オルブライトは、紀元前 12 世紀にラキシュなどの都市が破壊された事実を確認したそうです。しかし、ヨシュアが破壊したとされるエリコの町には、そのころ人が住んでいた証拠はなく、また城壁の破壊の痕跡は見当たらなかったというのです。
　こういう様々な学者の探求と研究の波にのって考古学の分野だけではなく、文献批判学も起こります。これは、旧約聖書がいかに編集・編纂されたかを批判学的に研究するものです。特に、19 世紀後半に J・ヴェ

ルハウゼンが大きな業績を残しました。彼の登場によって＜モーセ五書＞とよばれていたものは、決してモーセ一人で記されたものではないということが学問上認められるようになったのです。またJ・ヴェルハゼン以前にも、神の名前がエロヒームからヤハウェ。エロヒームに変わることに気が付いた人々もいたのです。J・ヴェルハウゼンは、それら先人たちの仮説を詳細に研究し、これらの資料の年代を定めていきました。その説明によると、＜モーセ五書＞は、4つの原資料をもとに編纂されているという。それは、J(ヤハウィスト資料)、E(エロヒスト資料)、D(申命記史家)、P(祭司資料) です。その成立年代は、J(ヤハウィスト資料)-- 前950年ごろに南朝ユダ王国 (ダビデやソロモン王の時代) で記された。ヤハウェ (Yahweh) は、ドイツ語で Jahweh なのでその頭文字から J 資料と略します。

E(エロヒスト資料)-- 前850年ごろに北朝イスラエル王国で記された。北イスラエルは別の名前は Ephraim(エフライム) なので、その頭文字Eをとって E 資料と略します。

D(申命記)-- 前7世紀の南朝ユダ王国の宗教改革の時に記された。申命記はモーセ五書の最後の文書で Deuteronomium の頭文字をとって D 資料と略します。英語では Deuteronomy と書きます。

P(祭司資料)-- 前500-450年ごろ、バビロン捕囚中にバビロンで記された。Priesterscrift の頭文字をとって P 資料と略します。英語は Priest'sscript のことで司祭の手書き文書のことです。

そこでわかったことは、旧約聖書(聖書)の創世記では、第1章と第2章は天地創造の物語が記されているのですが、この第1章1節から2章4節(の前半)と第2章4節(の後半)から第2章25節は、語彙や構文や思想は全く異なっているのです。その理由は、前者はP(祭司資料)で、後者はJ(ヤハウィスト資料)をもとに記されているからです。

前者は神をエロヒームと記し、後者は神をヤハウェ。エロヒームと記しています。日本語訳では、前者は＜神＞、後者は＜主なる神＞です。創世記のはじめが P (祭司資料) となっているのですが、すでに述べたように資料の成立年代では P (祭司資料) は最も新しいようです。

　この P (祭司資料) と J (ヤハウィスト資料) の成立した理由と年代を知るためには、イスラエルの歴史を理解する必要があります。特にイスラエル民族のバビロン捕囚と帰還は、イスラエル人のその後の宗教思想や信仰のみならずキリスト教の信仰の重要なキーポイントとなります。まず何故バビロン捕囚があり帰還があったのでしょうか？イスラエルの人々はエジプトで奴隷とされたのですが、モーセによって解放されてから長い期間、砂漠を通り、ヨシュアに従ってカナンの地、現在のパレスチナに定住します。その後、オテニエルから始まってサムソンやエリやサムエルなど士師に指導されます。そして、サウル王、ダビデ王そしてソロモンが王になりますが、これが統一王国 (紀元前 11 － 8 世紀) です。この時代に、J (ヤハウィスト資料) が現れます。ところが、ソロモン王の堕落によってこの統一王国は二つに分裂するのです。それが、10 部族を中心とする北朝イスラエルと 2 部族を中心とした南朝ユダです。北朝イスラエルは、ソロモン王朝の亡命客であったヤラベアムを指導者として出発したのですが、19 王が存続しても、悪なる王が多かったのです。

　神は、しかしこの不信仰な北朝イスラエルを悔い改めさせようと、南朝ユダから偉大な預言者エリアなど遣わしました。更にエリシャ、ヨナ、ホセア、アモスなどの予言者たちも送り込まれました。しかし、北朝イスラエルは、異教の邪教を崇拝することをやめなかったのです。こうして、神は北朝イスラエルをアッシリアに引き渡して滅ぼすようにされたのです (紀元前 722 年。北朝イスラエルの滅亡とともに、北朝イスラ

エル王国で記された E(エロヒスト資料) は、南朝ユダ国に持ち込まれて、南朝ユダにあった J(ヤハウィスト資料) とともに編纂されて旧約聖書の基礎ができました)。北朝イスラエルの 10 部族の残った者たちは世界に散らばり、これが有名な<ロースト・テン・トライブ>失われた 10 部族で、世界各地でその残存者が到着したといわれるようになります。極東の日本にも彼らのやってきた伝説がのこっています。

　さて、問題は残された南朝ユダについてです。本来、イスラエル民族は神に選ばれた選民でした。選民ですから神に選ばれて、保護されると皆思っていました。しかし、思いがけなくイスラエルの半分の北朝イスラエルは滅びて消え去ってしまいました。そして残りの南朝ユダも滅ぼされるような気配が濃厚となります。南朝ユダは 20 人の王が出て、北朝イスラエルの王たちと比べると善良な王が多かったのです。ヨシヤ王は紀元前 640 年ごろの最も善良な王でした。そのころ、北朝イスラエルを滅ぼしたアッシリアはすでに消えていました。ヨシヤ王は偶像を徹底して破壊して、ユダヤ教の宗教改革を断行しました。しかしヨシヤ王以降の王には善なる人物は出ませんでした。そして、アッシリアに変わってバビロニアが台頭してきたのです。神は南朝ユダを内的刷新しようと、宗教改革を推進せしめ預言者たちを次々と送り込んだのですが、人々は預言者の勧告や教えに耳を傾けようとはしなかったのです。そこでちょうどイスラエル民族をエジプトに送って奴隷として苦役させたように、バビロンに捕虜として連れていかれるようになったのです。

　つまり、紀元前 587 年に、南朝のユダ王国は、新バビロニアに敗北し、首都エルサレムやエルサレム神殿は破壊されて、ユダ国のリーダーは皆、バビロニアに連行されて、バビロン捕囚となりました。捕囚は合計 4 回あったといわれます。第一次捕囚は、紀元前 605 年、この時はバビロンの王ネブカデネザルによって、ユダの王族のダニエルなど少数

が人質として連れていかれました。その次の捕囚は、ユダ国の王はエホ
ヤキンの時でした。ネブカデネザルは、エホヤキン王をはじめ王族や軍
人や各職人など、一説では1万人近い人々がユダの財宝とともにバビ
ロンに連行しました。ネブカデネザルは、エホヤキン王に代わって傀儡
王としてゼデキヤを即位させます。このころ、預言者エレミヤが活躍し
ます。次の捕囚は紀元前586年です。預言者エレミヤは、たとえ屈辱
の期間であってもバビロンに敵対行為をとるべきではないと警鐘を鳴ら
していたのですが、ゼデキヤ王は反抗して、彼の子供たちは眼前で殺さ
れ、自分自身も両眼をえぐられて鎖につながれたままバビロンに連れて
いかれます。そして、エルサレムは陥落し神殿は焼かれ、城壁は壊され
て多くのユダヤ人は殺害され、残りはバビロン捕囚となりました。最後
の捕囚は、紀元前583年です（バビロン捕囚の回数と連行された人数は、
出典によって異なっています。エレミヤ書によると、第一回、前597年。
2023人。第二回、前587年。832人。第三回、前582年。745人）。

　このように捕囚されたユダヤ人たちは、彼らの故郷を思い出して思索
し詩を詠ったりしました。"バビロンの流れのほとりに座りシオンを思っ
て、わたしたちは泣いた。竪琴は、ほとりの柳の木々に掛けた。わたし
たちを捕囚にした民が歌をうたえと言うからわたしたちを嘲る民が、楽
しもうとして「歌ってきかせよ、シオンの歌を」というから。"（詩編
137篇）。シオンとは、イスラエルのエルサレム近郊の歴史的な地名です。
捕囚されたユダ国の指導者たちや祭司たちは、絶望の中で、自らの信奉
してきた神を何度も何度も考えたに違いありません。また、なぜに国が
滅ぼされたのかも考え抜いたに違いないのです。

　このようなバビロンでの捕囚のなかで、ユダヤ教の祭司職の人々が、
P(祭司資料)- 前500-450年ごろ - を書いたのです。書いたというより
は、＜神の霊によって口述された＞というべきでしょう。この祭司資料
は、バビロニア文化への明確な反目です。バビロニアには紀元前1,500

年ごろに作られた創造神話があり、多神教で主神はマードックです。捕囚の身で屈辱のなかで、ユダの祭司職の人々は、異教のバビロニア神話に対抗するように、神(エロヒーム)にすがって、独自の創造思想を表現したのが、創世記の第1章に述べられているのです。バビロニアは異教の国で、王だけが神の子でした。それに対して、創世記第1章は、神(エロヒーム)は自分自身のイメージとして人間を創造され、ご自身にかたどって、イメージとして人間を創造された、とあります。バビロニアや他の国々などをはるかに超えた、普遍的な神観がすでに記されています。そして重要なことは、神は人間を祝福されて三つのことを命令されます。それが、生育せよ、産めよ増えよ地に満てよ、すべてのものを治めよ、ということです (King James Bible には< Be fruitful >が初めに来ます。これは、生育せよの意 味です)。この第1章には、神(エロヒーム)の人間創造後の無限の希望と喜びとが寛大に表現されています。神は人間を無限に祝福したいという思いがあふれています。これは譬えて言えば、遠い世界、雲の上の世界から超越的に人間を俯瞰している感じです。しかし、神(エロヒーム)は畏敬の神、恐れ多い神でもあります。

　<創造物語A >にある創世記第1章は、バビロン捕囚の時に、とらわれた祭司達によって書かれたP(祭司資料) -(前500-450年ごろ)をもとにしていることがわかりました。そこの神(エロヒーム)は人間からはるか遠い神が描かれています。超越した神です。なぜそうなのか？ は考えてみると私たちは想像できるのです。それは、イスラエル民族は、選民として神から選ばれ愛され導かれてきたはずの誇り高い人々です。そのイスラエルの人々が異教バビロンの地で屈辱に耐えていたわけです。当然、それまでの神に対する想いは<神に捨てられた>というような思いとなり、神を近くに感じられない時もあったはずです。その証拠は近年、あのヒットラーによるユダヤ人の虐殺、特にアウシュビッツ

などを経験した人々の手記を読んでみると＜神の死＞などの言葉を見ることができます。彼らも当然、信奉してきた神が遠くに行ってしまったと思ったに違いないのです。更に第二次大戦時のナチス・ドイツが、アーリア民族の神を信奉したように、バビロンは、マードックの偶像を高々と掲げて我が世の春を謳歌していたはずです。イスラエルの捕囚された人々は、信奉するイスラエルの神の敗北を感じていたはずです。＜隠れた神＞＜沈黙の神＞を実感していたのです。

ヤハウェの神は愛と苦悩の神

　＜創造物語 B ＞は、創世記第 2 章 4 節の後半から始まります。" 主なる神が地と天を造られたとき、" と。ここで、神 (エロヒーム) は、主なる神 (ヤハウェ。エロヒーム) に代わっています。これ以降は、主 (ヤハウェ) が頻繁に出てきます。＜創造物語 A ＞においては、神 (エロヒーム) は寛大であり、創造の度に＜良しとされた＞と言われて満足そうな表現があります。また、大きな祝福を 3 つ与えて＜生育と繁殖とすべてのものを支配せよ＞と語られます。

　ただ忘れてはならないことは、確かに神の名前はエロヒームからヤハウェと変わりますが、すでに述べたように神の本質は永遠に変わらないということです。例えば、モーセがミディアン荒野でのことです。柴が燃えていて、その炎の中から主の使いが現れます。そして、神がモーセに語り掛けられるのです。そして、モーセにエジプトに帰って、奴隷となっているイスラエルの民を連れ出すように言います。その時モーセは、神にこう言います。エジプトに行って、" 先祖の神が、私モーセをここに遣わされたのです " と説明しても、多分、彼らは、" 遣わした神の名は一体何か？ " と質問してくるでしょうと。そこで神はモーセに、" わたしはある。わたしは、あるという者だ " と答えられました。

このように、神の名前は一つではないのですが、神の本質は変わらないのです。だから、創世記の第1章で神(エロヒーム)が語られたこと、また第2章で主なる神(ヤハウェ。エロヒーム)が語られたことは、別々の神が語られたことではないのです。更に、神が発言された事柄、内容は決して変更されたり、取り消されたりすることはないのです。その神の約束や決意について、イザヤ書には、"わたしは神であり、わたしのような者はいない。わたしは初めから既に、先のことを告げ、まだ成らないことを、既に昔から約束しておいた。わたしの計画は必ず成り、わたしは望むことをすべて実行する。東から猛禽を呼び出し、遠い国からわたしの計画に従う者を呼ぶ。わたしは語ったことを必ず実現させ、形ずくったことを必ず完成させる"(イザヤ書46章9-11節)とあります。

　だから、＜創造物語Ａ＞の大きな三つの祝福—生育せよ、産めよ増えよ地に満てよ、すべてのものを治めよ—はただ軽く述べたのではないことを知る必要があります。実は、その三大祝福は遠い昔に神が人間始祖に約束したことなのですが、すぐには成就しませんでした。しかし神の偉大なことは、その約束を決して忘れておられないことです。その三大祝福の完成への経緯は今現在も存続しているのです。(聖書の年代では6,000年ですが、実際は何百万年を経過しているでしょう。けれどもここが神と人間との決定的な違いなのですが、それは神と人間とは時間の観念が異なることです。神は永遠に生きられる方であられて、人間のような有限の中で生きてはおられないのです(少なくとも肉の体を持つ地上の生涯においては、人間は有限です)。神の与えられた三大祝福は遠い昔の約束に見えますが、その約束の成就をたとえ永遠であっても待ち望まれる神です。そして、後程、詳しく述べますが、現代の21世紀こそが終末であり三大祝福がついに成就するときなのです。

アダムとエバと禁断の木の実

　では何故、神の語ったことがすぐさま実現されなかったのか？の謎は、次に述べていく人間の側の責任とその遂行いかんにあるということです。問題の発端こそが、＜創造物語 B ＞に始まる人間の堕落の悲劇です。＜創造物語 A ＞の神の発言の雰囲気には、余裕があり希望すら感じられます。しかし、＜創造物語 B ＞は、不穏さや神のご心配や不安を読み取ることができます。更に、蛇や後にはサタンとかいうものが現れます。何よりも驚くのは、次の事柄です。神はアダムとエバを創造されて、東の方のエデンに園を設けて、そこに住まわせますが、園に造った多くの木の実を食べることを許します。ところが、そのような寛容なお計らいのあと、一つの戒めを与えるのです。それが、" 善悪の知識の木からは、決して食べてはならない。食べると必ず死んでしまう "(創世記 2 章 17 節) という警告を発せられるのです。

　いわゆる、禁断の木の実の物語です。＜食べると必ず死んでしまう＞とはなんという厳しい戒めでしょうか。この厳しい戒めを神が与えられた理由やその意義をわたしたちは、深く考えることが要求されるのです。寛大にして全知全能の神であられるはずの神です。その神があえて失敗すれば死をも招くような難題を与えられたということの意味です。更に、このような果実は、リンゴとかバナナなどではないのではないか、とも推測する人もいるでしょう。聖書の全篇は、主に神のお話が主流になっています。" 神の書 " こそが聖書です。だから、神がすべて計画をなされる、それで何の問題も起こらないと考える人もいることでしょう。それで、歴史を通して現代にいたるまで、不可解な禁断の木の実の話は棚上げにして、臭いものにふた式に覆い隠して、ただ神のみがすべてを成すという考えに固執する人たちが多いのです。しかしそれでは、それは

運命論、特に宿命論になってしまいます。例えば、イスラム教徒は非常に敬虔な信者が多いのですが、極端な宿命論者になりがちです。コーランには " 神は汝と汝の行動のすべてを造られた " とありますから、どのような難しい場面も＜神のなされること＞と受け入れて諦観するのです。

　例えば敬虔なイスラム教徒が砂漠を自動車で旅するとします。そこでガソリンが切れたり、故障したりします。また灼熱の砂嵐が襲うときもあります。他の国々の人々が彼らに同伴していれば、当然動揺し慌てふためくことでしょう。また、なぜガソリンを十分準備しなかったのかと怒鳴ったり、自動車の検査もしなかったのかと不平を言うでしょう。しかし、イスラム教徒は、それらの砂嵐や自動車の故障が起こったことを、神のなされる業ととらえて平然としているのです。彼らは宿命論者なのです。確かにそういう態度は心の平安をもたらすこともあるでしょう。しかし、たとえそうであっても、人間の側にもなすべき責任があると考えるべきなのです。西洋人と中東人が融和できないのもその辺に原因があるのでしょう。しかし西洋人にも例外的な考えがあります。例えば、ヘーゲルの哲学には " 理性の狡知 (こうち)" という考え方があります。例えば、ナポレオンが馬上の英雄としてウィーンに現れます。しかし、ヘーゲル流には、ナポレオン自身の努力で英雄として出世したのではなく、絶対精神とか理性の＜ずるがしこい計らい＞によって歴史に出現させられたものだと考えます。ヘーゲル的な神によって、ナポレオンといえども、まるで操り人形のように操られているのだというのです。

　イスラム教ばかりではなくユダヤ教やキリスト教においても、信仰の深い人々は、往々にして神にすべての責任を負っていただくと考える傾向があります。" 私はあなた方の年老いるまで変わらず、白髪となるまで、あなた方を持ち運ぶ、わたしは造ったゆえ、必ず負い、持ち運び、かつ救う "(イザヤ書 46 章 4 節)。この文章は、イザヤ書のなかの第 2 イザ

ヤという無名の預言者が書いたものだといわれます。この第２イザヤは、どうもバビロン捕囚期の後半にバビロンに捕囚されていた人だといわれます。P(祭司資料)は、ユダ国の祭司たちが捕囚されたバビロンで書いた資料です。第２イザヤとも何か関係があるのでしょうか。第２イザヤも、バビロン捕囚の信じられないような経験から、深く信奉してきた神を考え抜いたのでしょう。既に、イスラエル民族の片半分の北朝イスラエルは滅亡し、今度は残された南朝ユダ王国も、その歴史上まれなる残酷な戦火で、首都エルサレムは破壊され、残った指導者たちはバビロンに連行されて捕囚となりました。

　これは、北朝イスラエルが、異教の偶像崇拝におぼれて、その悪影響が南朝ユダにも及んだ結果、不信仰として両王国は徹底して神に裁かれていることや、また、政治や外交上の甘さや不手際ということも、当然第２イザヤは考えたでしょう。しかし、第２イザヤですら、人間の責任の未遂行についての深い考察がどうしても足らないと感じるのです。ちょうどアダムとエバの禁断の木の実の話を棚上げして、臭いものにふた式に覆い隠して、ただ神のみがすべてを成すという考えに固執したような傾向になるのです。つまり、第２イザヤは、ユダヤ民族の捕囚の背後に神がいること、だから神は必ずや、いかなる手段を使ってもユダヤ民族を解放し、さらに必ずユダヤ民族の帰還を手助けされるであろうと預言します。神は異教徒のペルシャのクロス王を使ってまで、解放と帰還をなされるという預言です。それらは、すべて神がその偉大な力でなされるというのです。＜持ち運び、かつ救う＞とはそれを表現しています。

　身近な例ですが、神がわたしたちを持ち運ぶということと猫や猿とを比較してみましょう。親猫は子猫を口にくわえて持ち運びます。子猫はただじっとしているだけでよいのです。その反対がサルの親子です。サ

ルの親が子ザルと木々を渡っていくときには、子ザルは親にひたすらすがみついていなければなりません。そうしなければ子ザルは転落してしまいます。そこで、旧約聖書や新約聖書が教える信仰とは、まさしく猫の親子のようだというのです。わたしたちは、猫の親を神に例えれば、神に持たれて運ばれている、そのことが信仰であるというのです。信仰生活において最も重要な主体とは人間ではなく神だというのです。サルの親子の場合は子ザルはいつ転落するかわかりません。いつも不安定な状態にあります。多くの宗教やユダヤ‐キリスト教を信奉する人々の中にも、まるでサルの子供のような信仰態度を多く見ることができます。第2イザヤが説いているのは、親猫のような神がすべてなされていて、バビロン捕囚もバビロンからの解放も、エルサレムへの帰還も、すべて神がまるで親猫のように子猫であるイスラエル人たちを運んでくださるというのです。この第2イザヤの主張する親猫のような神という信仰に関して更に考えてみましょう。

　イスラエルには歴代の偉大な預言者たちが排出しました。ただ、それらの預言者や国の指導者たちには大きな問題点があったのです。それは、神がイスラエル民族を何ゆえに＜選民＞として選ばれたのか？という点がほとんどの預言者には深く考慮されなかったということです。神の彼らを選ばれた最も重要な目的は、神が＜メシヤ＞を降臨させる前に、預言者はその準備をすることでした。その来るべきメシヤを降臨させるのは神のなさる、神の責任であっても、そのメシヤを迎えるための基台、プラットフォームは人間が造成するという責任があったのです。つまり、イスラエル民族は内部において信仰をもっての内部統一がなされていなければならなかったのです。まず、北朝イスラエルと南朝ユダに分かれたのは、その前の統一王国のソロモン朝の不信仰によって、その国にサタンが侵入し失敗したからなのです。ソロモン王は異国の多くの女性を妾として囲い、淫乱におぼれたのです。そこで神はサタン分立のた

めに南朝ユダと北朝イスラエルに分けたのです。神のメシアを送る時間が迫っていました。

　メシヤが送られる前に、再度、北朝イスラエルと南朝ユダは一体化しなければなりませんでした。そこで神は、最大の預言者エリアなど多くの預言者を送って、北朝イスラエルを悔い改めさせようとしました。ところがそれらは失敗して北イスラエルは滅んでしまいました。残った南朝ユダもバビロン捕囚となり、選民はまさに風前のともし火のようになりました。そこで神は預言者エレミヤや第2イザヤなどを送ったのです。ところが、これらの預言者に共通する誤った信仰態度があったのです。偉大といわれるエリヤもそうでした。それは、ただひたすら神の啓示や命令を待つだけ、という受動的な信仰態度です。自分自身の信仰を立てて、自分自身の頭で神の願いを知ろう、とするという態度が決定的に欠けていたのです。つまり、人間の責任がわからず、またそれを行うことができなかったのです。

　つまりイスラエルの統一王国に関しての、もともとの神のご計画を知ろうとしなかったのです。また、たとえ南北に分裂したとしても神は何らかのご計画があったはずです。それは、北イスラエルと南朝ユダを再び統一させること、それを預言者たちが自ら悟って行動することでした。しかし、預言者たちは、その神の心のなかの苦悩を知ろうとはしなかったのです。ただ神は救ってくださるお方だとか、自分たちに命令を与えてくださる方だ、と考えていたのです。偉大な預言者といえども、結局は原罪があったし、罪によって信仰や考えが曇らされていたのです。多くの預言者や指導者は、神の考えとは大きな隔たりがあったのです。結論的には指導者たちや預言者たちは、神の大きな摂理であるメシヤ降臨についての備えに対する無知と人間の責任についての無責任さです。神の前にまるで幼児のように振舞うだけで、自ら主体的に考えられなかっ

たのです。神がすべてなしてくれる、神はただ自分たちに命令してくれるという態度です。これが宿命論に傾くのです。ただ神は親猫のように＜持ち運び、かつ救う＞と。

　この様な宿命論や運命論や猫の親子的な信仰態度を詳しく吟味していくと、それらの信仰態度は全面的には容認できない、微妙な匙加減 (さじかげん) が必要だとわかるはずです。つまり、スプーンに調味料を盛る加減や、薬を調合するときの分量の加減などのような、絶妙なバランスが必要であることがわかります。その理由は、何故に、神は禁断の木の実のようなテストに似た命令を与えたのかという問題があるからです。現に人類始祖は神の戒めのみ言葉、禁断の木の実の命令を信仰せずに堕落してしまったのです。取って食べずにみ言葉を信じて完成するか、あるいは、そのみ言葉を信仰せずにとって食べて堕落するかは、神の側に責任があったのではなく、人間自身の責任にかかっていたのです。

　この責任ということに対して、有名な神学者が誤って主張しているのです。この学者は " 聖書に示される信仰においては、神が人間のために責任を負い、人間の重荷を負うのである。聖書がわかるということは、ここがわかるということである " と述べているのです。この神学者の意見を、より詳細に調べてみましょう。堕落前の人類始祖アダムとエバには、明確に人間としての責任分担があったのです。つまり、" 禁断の木の実を取って食べるな " という戒めを死守するという人間の責任です。実はこのような人間の責任分担は、禁断の木の実の死守だけではなく、人間が創造目的を完成していく成長過程のすべてにおいて、自身の責任分担を全うしていくことが必要でした。ところが、人間始祖アダムとエバは、禁断の木の実を取って食べて堕落し＜死＞に至ったのです。もし読者ならこのような地獄に落ちてしまった人類をどうするでしょうか？早く言えば、人間は今や人間自身の責任を果たすどころではなく、サタンの支配下の地獄に死んだように居るのです。外観的に見るならば、当

時の人間は神を認知できる霊感など喪失して、動物のような未開人となっていたのです。

　ところが驚くべき感謝すべきことは、神は自ら救いの手を差し伸べられたのです。それで、復帰歴史を見ると、アダムの家庭を経てアブラハムの家庭に至るまで、つまり、旧約時代を迎えるまで、神が働く基台を作る準備に着手してくださったのです。これは、聖書の年代では、2,000年期間です。そして、アブラハムの時代から、神は預言者たちを送られるのです。神は人間を創造された責任を自らが負われて、サタンを屈服させるための旧約時代を出発されたのです。この旧約時代は、ついに一人子であるイエスを送られるまで続きます。こうして、旧約時代の律法のみ言葉と新約時代のイエスの福音のみ言葉によって、人間の心霊は、死から徐々に復活し、そして霊性が成長して、自らが人間自身の責任分担を担えるようになってきたのです。だから、すでに述べた、有名な神学者が、"聖書に示される信仰においては、神が人間のために責任を負い、人間の重荷を負うのである。聖書がわかるということは、ここがわかるということである" と主張するのは、神の本来の姿ではないこと、そこには神の悲しみと深い理由があることを知る必要があるのです。神がアダムからアブラハムを経てイエスに至るまで加担されたのは、決して本来の姿ではないこと、そして、イエス以後の歴史は人間の責任分担が非常に大きくなっていることを悟る必要があるのです。そうでないと、エリヤや多くの預言者たちの失敗を今後も繰り返すことになってしまいます。

　このように聖書解釈において、宿命論や運命論に立った考え方に偏してしまうと、今度は人間の責任を無視したり、また、それを軽視するようになります。これでは倫理や道徳をも結局、軽視し、罪人としての自覚が問題となってしまいます。実はこの問題はルターとエラスムスが戦った内容でもあり、アウグスチヌスとペラギウスが反目した問題でも

あるのです。また近代哲学においても人間の堕落ということのヘーゲル哲学の解釈は、絶対精神の自己疎外ということになるのです。つまりヘーゲル的な神の自己疎外によって堕落があったということです。しかしこれは人間の実存を無視した思想となって、実存主義者のキルケゴールなどは大反対の立場に立ったのです。先ほど聖書は神主体の書であると言いました。しかし、聖書のなかには実は隠されたような言葉や内容があることを深く考慮しなければならないのです。それこそが、人間にも大きな責任がある、ということなのです。

　つまり、＜創造物語Ａ＞と＜創造物語Ｂ＞にまるで神の隠され伏されたように、記されていないこと、それは、＜人間の責任＞ということです。＜創造物語Ａ＞にある人間は、神のイメージとして創造されたことや三大祝福を与えられたことは、神の側の立場であり責任であったのです。が、それらの祝福や約束は、与えられた人間が全身全霊を込めて遂行するという責任が伴っているのです。実は、人間の側の責任遂行がなされていない証拠こそが、いまだ、これらの神の約束が現実の世界や人間に、それらが実現されていないことから知ることができます。それはこれから述べる人間の堕落によるものです。

　次の創世記の箇所は、神の命令とそれを守らなかった人間の責任放棄によってどうなったかを知る内容です。つまり、"善悪の知識の木からは、決して食べてはならない。食べると必ず死んでしまう"という神の命令にもにた戒めは、どうなったのでしょうか？この箇所は重要なので、その聖句を引用します。

　――――――第2章25節"人とその妻とは、ふたりとも裸であったが、恥ずかしいとは思わなかった。
第3章1-7節　さて主なる神が造られた野の生き物のうちで、へびが最も狡猾であった。へびは女に言った、「園にあるどの木からも取って食べるなと、ほんとうに神が言われたのですか」。

　女はへびに言った、「わたしたちは園の木の実を食べることは許されていますが、ただ園の中央にある木の実については、これを取って食べるな、これに触れるな、死んではいけないからと、神は言われました」。

　へびは女に言った、「あなたがたは決して死ぬことはないでしょう。それを食べると、あなたがたの目が開け、神のように善悪を知る者となることを、神は知っておられるのです」。

　女がその木を見ると、それは食べるに良く、目には美しく、賢くなるには好ましいと思われたから、その実を取って食べ、また共にいた夫にも与えたので、彼も食べた。

　すると、ふたりの目が開け、自分たちの裸であることがわかったので、いちじくの葉をつづり合わせて、腰に巻いた．"。

——————

　この箇所のヘビと女との会話において腑に落ちないと思うことがあるでしょう。それは、主なる神が " 善悪の知るの木からは、決して食べてはならない。食べると必ず死んでしまう " と警告しているのですが、へびが " あなたがたは決して死ぬことはないでしょう " と主なる神の言葉を否定していることです。そこで、へびの言葉を信じて、まず女がその禁断の木の実を食べてから、男にも勧めたようで男も食べました。ここで主なる神の警告によれば二人は死んだはずです。ところが、" ふたりの目が開け、自分たちの裸であることがわかったので、いちじくの葉をつづり合わせて、腰に巻いた " とあります。つまり死んでいないのです。これは、ヘビが言ったことは正しかったのでしょうか？

　キリスト教の神学によれば、禁断の木の実をとって食べたことは、原罪を持ったことであり、人間が堕落したことなのです。これは神から完全に離れてしまい、へび、サタンの支配のもとに落ちることなのです。このことの恐ろしい事実を、その後の人々のみならず現在の人々もあまり実感がないことが悲劇の実情なのです。その次の聖句は、

―――――― 　第３章８－15節 " 　彼らは、日の涼しい風の吹くころ、園の中に主なる神の歩まれる音を聞いた。そこで、人とその妻とは主なる神の顔を避けて、園の木の間に身を隠した。

　主なる神は人に呼びかけて言われた、「あなたはどこにいるのか」。彼は答えた、「園の中であなたの歩まれる音を聞き、わたしは裸だったので、恐れて身を隠したのです」。神は言われた、「あなたが裸であるのを、だれが知らせたのか。食べるなと、命じておいた木から、あなたは取って食べたのか」。

　人は答えた、「わたしと一緒にしてくださったあの女が、木から取ってくれたので、わたしは食べたのです」。そこで主なる神は女に言われた、「あなたは、なんということをしたのです」。女は答えた、「へびがわたしをだましたのです。それでわたしは食べました」。

　主なる神はへびに言われた、「おまえは、この事を、したので、すべての家畜、野のすべての獣のうち、最ものろわれる。おまえは腹で、這いあるき、一生、ちりを食べるであろう。

　わたしは恨みをおく、おまえと女とのあいだに、おまえのすえと女のすえとの間に。彼はおまえのかしらを砕き、おまえは彼のかかとを砕くであろう ".

――――――――――

　ここで刮目すべきことばは、主なる神がエデンの園に来られて歩きながら「あなたはどこにいるのか」と言っていることです。ところが、人とその妻とは主なる神の顔を避けて、園の木の間に身を隠した、そして、園の中で主なる神の歩まれる音を聞き、人とその妻とは裸だったので、恐れて身を隠した、と。この箇所は、実に簡単な描写に思えますが、深く考えてみる必要があります。「あなたはどこにいるのか」という主な

る神の内的なご心情は、悲痛なものであることを推測しなければなりません。聖書には主なる神の内奥の苦悩などは省略してあります。しかし、「あなたはどこにいるのか」という神の言葉は、海面に浮かんだ氷山の小さな一角にすぎません。海面の下に隠れている深く広大な未知の氷河を、わたしたちは思い図らなければならないのです。

　これは本来人類の始祖となるべきアダムとエバが、神の子女の立場から堕落して、サタンの主管下に陥って霊的には完全に死んでしまったということなのです。アダムとエバは、主なる神のご心情から遠く離れ落ちてしまった。つまり、主なる神の立場から見れば＜死んだ＞のです。これが、人類始祖アダムとエバは堕落して原罪を持ってしまったということなのです。キリスト教では我々は罪人であるといいますが、この人類歴史の最初の原罪を持ったことの意味や、重い罪人となったことにはなかなか気が付かず、そこまで思いがいかないのです。2,000年のキリスト教の歴史には、偉大な思想家が出ました。近代のルター、現代のモルトマンなどは、イエスの十字架におけるイエスのご自身の苦悩や受難のみならず、そのイエスの父であられる神もまた苦悩や受難を経験されたのではないか、を論じました。このイエスの十字架と神の受難の問題には長い年月の思索と討論があるのです。

　ところが全く理不尽なことは人類始祖のアダムとエバがサタンの支配下に落ちて死んだことと、それを見つめておられた悲惨な神のまさしく心情の十字架に関しては誰も述べていないのです。遠い遠い昔の神話の世界の出来事と見なしているようなのです。

　そのことはまた別の章で論じるとして、まず神は苦悩され受難を受けられる方なのでしょうか？
　この問題は後程もっと詳しく論じますが、まずキリスト教の神概念は古典的な意見としては、神は苦しまれるはずはない、というものでし

た。それは、キリスト教がパレスチナから出発してヨーロッパに伝道されていったことと関係があります。西洋の思想はギリシャ思想に代表されます。キリスト教思想はプラトンやアリストテレスなどのギリシャ哲学に大きく影響を受けました。ギリシャ哲学の神観がキリスト教の神観を誤って導いてしまったのです。初期キリスト教の思想家たちは、堕落した罪びとである人間は、神によって救われなければならないと考えました。そのように罪びとを救う神は "完全であり絶対的な存在" であるべきである、と。

　そこで、共鳴したのがプラトンやアリストテレスなどのいう＜完全性＞でした。この＜完全＞な神は変化しないし、苦しまれない、神の受難などはありえないということです。そしてこの考えは受け継がれて、中世までいたってカンタベリーのアンセルムスやトマス・アクィナスにまで至ります。彼らは、神の完全性に固執して、神は感情を持たれないし、他者の窮状を悲しむということは、神の弱さを意味して神にはふさわしくない、とも主張したのです。つまり、神は人間の苦悩や苦難を経験されるはずはなく、世界の苦悩の影響を受けるはずはないとも。確かに聖書には神の苦しみや哀れみの言葉があるけれども、それは比喩であって神の本質ではない、とまで述べました。つまり、キリスト教の神観は、ギリシャ思想の影響を受けて神の Apathy(アパシー) 無感動を支持してきたのです。
　その理由として考えられることをわかりやすく言えば、誰かが旅行中に、追いはぎに会ったり、海でおぼれたりしたときに助けを求めます。それらの犠牲者を助けることのできる人は、慌てふためいて動揺して弱々しい助け人には全く頼ることができません。神もそれと同じで、悲惨な罪びとを救済するお方だから、完全であり絶対であり、感情に左右されない、はずであるということでしょう。神の完全性への要求は人間の救済に関係があるのです。

　ただ奇妙なことはほとんど誰もが、では神ご自身は今どういう立場であられるのだろう？と考えた人はいないのです。確かに、人類歴史は悲惨であり皆、生きるか死ぬかの瀬戸際にあり、戦争や天災や疾病にあえいでいて、まるで今にも大波に飲まれて沈没するような状態でした。ただ神に助けを求めるばかりでした。余裕をもって立ち止まって、さて神はどういうお方であり、どういうお気持ちなのだろうと考えた人は誰もいないのです。それは、ちょうど赤子や幼児が自分の親を見ている状態と同じでしょう。

　聖書の創世記でいえば、誰一人として人類始祖アダムとエバが、堕落し原罪を持った時の神の苦悩を悟り理解し論じた人はいないのです。その原因の一つは善悪知るの木の実をとって食べた、ということの意味を詳しく解明していないことでもあるのでしょう。

　アダムとエバの物語は、ユダヤ‐キリスト教の歴史において、実に信仰を実践していくにおいての重要な羅針盤のような基礎的内容でした。決して他の多くの国々の文化のように民族の最初を、単に神話としてみなすというような態度ではなかったのです。異教のローマやその近隣諸国のなかで、初期キリスト教は 4 世紀にわたって、性道徳を厳しく守り、異教の様な一夫多妻制に染まらず、婚姻外の不倫などを拒絶してきたのは、この聖書の創世記のアダムとエバの物語をいつも頭に浮かべてきたからでした。もちろん、キリスト教の倫理や道徳の基礎はキリスト教自身から得たものではなく、ユダヤ教やストア哲学から学んだものもあるのですが、こういう倫理観はキリスト教の信仰を抜きにしては習得できないはずです。紀元 5 世紀の初頭において , アウグスチヌスはアダムとエバの陥った罪と原罪の証拠こそが、spontaneous　sexualdesire(自然の感情や衝動から出る性欲) であるとまで宣言しました。これに関しては徐々に詳しく述べていきます。

堕落した人間が歴史を通して神に尋ねもとめても神は＜隠れ＞＜沈黙＞されていると書いてきました。しかし、神から人間を見ると人間こそが＜隠れ＞てしまっているのです。それは堕落によるものです。聖書、特に旧約聖書には文面に現れてこない重要な内容が多くあります。短い言葉にも深い隠された内容があるのです。それは先ほど氷山の比喩で述べたようにその海面下の氷の深い層を訪ねていかなければなりません。

　よく聖書学者は主(ヤハウェ)は擬人的かつ人間的だと言います。また素朴な原始的な神表現だとも言います。しかし、エロヒームの神よりも主(ヤハウェ)は、人間に近い神であり、詩的かつ情的な神でもあります。つまり、本来の神ご自身を表しているともいえるのです。

　そして次に重要な考察は、＜創造物語A＞に代表されるエロヒームの神は、超越した神であられる、そして＜創造物語B＞から始まる主(ヤハウェ)は内在した神であるとともに超越した内容も兼ねているということです。

　まずエロヒームの神は超越神であり、神と人間との境には濁流が流れる渓谷のような隔たりがあります。英語でいえば、God "out there" です。人間から遠い神です。MarcusJ・Borg の分類によれば、そのような神は世界から超越して遠く離れた神的存在であり (transcendence)、その神的存在は大昔に世界と宇宙を創造された後に、時々、世界に干渉する。けれども、この神的存在は、私たち人間の世界にはいない。だから、この神的存在を経験、体験できないけれども信じる必要がある。Borg は、このような神的存在を論じることこそが Supernatural theism だというのです。日本語に訳すと超自然的有神論または超自然的一神教です。これは、神エロヒームを論じることと類似しています。

　今一つの神に対する考え方に Panentheism(万有在神論) というのが

あります。God "not out there" で、遠くない神です。この言葉はあまり知られていませんが、pan(全、汎、完全な)-en(中に入れる)-theism(有神論、一神論) の意味です。Trnscendence+immanence つまり、超越と内在なのです。Panentheism(万有在神論) は God "righthere" であり、近くにいます神なのです。ここで、時々、混乱する英語の神表現にpantheism(汎神論) というのがありますから、この違いを理解しなければなりません。Panentheism(万有在神論) と pantheism(汎神論) を比べてみると pantheism(汎神論) には en の音節がありません。このことは汎神論とは宇宙と神とが同じことを意味します。つまり、全ての物が神なのです。

　この汎神論の考え方は、初期キリスト教の思想家たちを魅了し、結果的にはキリスト教の神の意味を誤って解釈してしまいました。汎神論は、ギリシャ思想のストア哲学や新プラトン主義によく表れています。アウグスチヌスは、汎神論者のプロティノスを過信してしまいました。キリスト教やユダヤ教は、万物は神によって創造されたというのですが、プロティノスなどは万物は神から出る、つまり、火山の噴火口から溶岩が流れ出すような状態を指すのです。とにかく主 (ヤハウェ) は、Panentheism(万有在神論) に近いのです。God "right here" であり、近くにいます神なのです。

　創世記第 1 章の天地創造の神エロヒームは、超越した神の性格があると述べてきました。だから、主 (ヤハウェ) のように人間に近くまた親しく語ることができないようにみえます。たとえば、神エロヒームは、人間をメージとして創造した、と言います。この神エロヒームの表現にはどこか表現が寸足らずの感じがします。神ご自身はもっと深く明瞭に語りたいという気がします。その創世記の第 1 章に記されていないけれども、神エロヒームご自身が本当に語りたかったことがあられたはずです。読者はそのことをどのように推測されるでしょうか？海面の氷山

の例で、海面下の氷山に思いをはせてください。実はそれを初めて明らかにしたのが、イエス・キリストの発した＜アッバ＞です。イエスが語っておられたのはヘブライ語ではなくアラム語だといわれます。マルコによる福音書の14章36節はイエスのゲッセマネの祈りです。そこにおいてイエスは＜アッバ＞と言って祈りを始めます。この＜アッバ＞という意味は"お父ちゃん"という意味で、子供が父親に対して最も親しく呼びかけているのです。

　イエスのご生涯における歩みのすべての背後には、イエスに対する親子関係からくる愛のまなざしの神の深い愛があり、またイエスも神の実の子供としての深い信頼の愛があったのです。創世記第1章の神エロヒームが自分のイメージとして人間を創造されたということは、神の子供として神ご自身に似せて人間を創造されたということなのです。これはどういう意味でしょうか？皆さんがご存じのようにある駅で子供が線路に落ちてしまいました。電車がもうすぐそばにやってきます。ある人が自分のことも顧みずに線路に飛び降りて、その子供を救い上げました。そういう極端な例ばかりではなく平時の人間が行動するその理由を尋ねてみると、それは神ご自身がそのように行動されるからだということです。それが、神に似せて、そのイメージとして人間を創造されたということです。それは、人間の喜怒哀楽があること、特に人間には最も大切な愛や慈悲や希望もあるということは、神ご自身もまた喜怒哀楽や愛や慈悲や希望もあられるからです。だから神が禁断の木の実の命令を伝えられた時、深い言いしれない喜怒哀楽や愛や慈悲や希望があられたはずなのです。身近な例を挙げれば、子供が入学試験に行く、それを見送る親の心境のようなものでしょう。人間は神の真実の子供なのです。だから、人間の堕落は神に言いしれない深い悲しみを与えたことを十分理解しなければならないのです。

　問題は、次に、生育せよ、産めよ増えよ地に満てよ、すべてのものを
治めよ、の 3 大祝福を与えられたのですが、ここにも氷山の海面下の
ような重要な隠されたことばがありました。それは、人間の責任として、
強く神の子供としての自覚をもって＜生育せよ＞ということと、そのの
ちに＜繁殖せよ＞ということです。そうしてはじめて＜すべてのものを
支配する＞ことができるのです。創世記の第 1 章においては、いわば、
人間に永遠の目標、人生の目標を大きく提示されたということです。そ
して、創世記第 2 章において＜善悪知るの木の実＞をとって食べない、
という戒めを守りながら、信仰をもって、神の子供としての自覚ととも
に、＜生育せよ＞ということと、そののちに＜繁殖せよ＞ということ、
そうしてはじめて＜すべてのものを支配＞して神の国を実現していくべ
きでした。

　だから、愛の親としての神は、第 2 章になると非常に心配され、や
や不安げな様子が見られます。『神の伝記』という書物を書いてピュリッ
ツァー賞をとったジャック・マイルズは、彼自身の描写として、創世記
第 1 章から第 2 章になると、"登場人物として、主なる神 (ヤハウェ。
エロヒーム) は、強大な権力を手にしているが何をしていいのかわから
ない者のように＜不安＞に駆られている。主なる神の力 (ヤハウェ。エ
ロヒーム) は、神 (エロヒーム) の力よりも小さいように見える " と記
しています。この内容こそがキリスト教の思想家を悩まし続けてきた
ことなのです。あまり詳しくは書きませんが、非常に重要なところな
ので一応の概念だけを紹介します。よく私たちは神は全知全能である
と考えます。これに関して『キリスト教の精髄』(『Mere Christanity』、
1952) で高名なイギリスの C.S. ルイスは、このように問いかけます。"
もし神が善であるとしたら、被造物を完全に幸福にすることを願うで
しょう。またもし神が全能なら、そうした願いを実現することができる
でしょう。しかし被造物は幸福ではありません。とすると、神は悪しき

神であるか、それとも力を欠いているか。" と。

　実は、＜善悪知るの木の実＞をとって食べない、という戒めを与えられたということは、この被造世界や人間に＜秩序＞が与えられているということです。この秩序は宇宙を貫く原則であり、これは神ご自身も勝手に扱えない、自由にできないということを意味します。例えば、被造世界の自然法則を神ご自身も無視できないように、人間の倫理道徳などにも神は干渉されないというのが原則です。これは人間に自由意志を与えられたことから知ることができます。神ご自身が天地万象と人間を創造されたということは、その神の決断によって自らを制約されたということなのです。神は自己制約を決意されたのです。それは、人間に自由意志を与えられた、ということです。当然、全知全能の神は、自分の意志の通りに動き考え生活するようなロボットの様な人間を造ることもできたはずです。そのように造れば人間は堕落することもなく、永遠に神のコントロール下に置くことができたはずです。しかしそれでは、本当の喜びはありません。それでは神にも人間にも喜びがないのです。喜びとか心からの満足は、様々な難しい試練の様な場面を勝利して初めて得られるものです。だから、天地創造とそして最後の日に人間を如何なる存在として創造するかは、神ご自身の深刻な模索と懐疑とためらいがあられたに違いないのです。

　人間に自由意志を与え、人間に責任を与えるということは、この世的に言えば、神の大きなギャンブル的な決断に違いありません。実際、その後の人類歴史は、人間が与えられた自由意志でもって人間の責任を果たすということがいかに難しいかを類推できるのです。ルイスが言うように、被造物は幸福ではない、そして神は力を欠いているか、と。これは人間自身が責任を果たしていないからです。主なる神がエデンの園に来られて歩きながら「あなたはどこにいるのか」という神の嘆きと悲しみの表現は、アダムとエバが善悪知るの木の実をとって食べたこと、人

間の責任を果たさなかったということなのです。その後のイスラエル民
族の歴史を見ると、他民族との戦争などでよく敗北することを知ります。
特にバビロン捕囚などです。それで、自分たちの神ヤハウェの力を疑う
ことも当然あるわけです．しかし、その捕囚や敗北の原因が不信仰にあ
り人間の責任が果たされていないということなのです。

　キリスト教の場合、イエスの十字架をどのように理解したらいいか？
を 2,000 年間模索してきました。たいていのキリスト教徒はイエスの
十字架は人類の罪の贖罪であり、すでにその受難はイザヤ書 53 章に預
言されていると考えてきました。また、イエスが十字架につけられる前、
それを預言されたイエスの言葉をペテロが否定し止めようとしました。
それに対してイエスは " サタンよ引き下がれ "(マタイに要る福音書 16
章 23 節) とペテロを叱咤されたのです。福音書には、イエスの十字架
が必然であるかのような記述が多いのです。しかし栄光のメシアであら
れたはずのイエスが最も屈辱の十字架に架けられたということです。旧
約聖書には " 木にかけられた者は、神に呪われたものだからである "(申
命記２１章２３節) と記されているからです。

　ここで、今まで述べてきた人間の責任ということを考慮して、十字架
に自ら進んでいこうとされたイエスのペテロへの叱責を深く考えてみる
ことも必要でしょう。イエスがペテロの十字架を止めようとする、その
手を振り切ってまでしたその深い理由も考えなければなりません。それ
はもしかしてイエスご自身も＜やむを得ず＞十字架の道を行くことを決
意されたのではないか、ということです。ちょうどイスラエル民族の北
朝イスラエルの 10 部族が不信仰によってアッシリアによって完全に滅
亡させられ、残った南朝ユダの 2 部族も不信仰によってバビロンに連
れていかれました。これらが教えていることは人間の側の責任が果たさ
れていなかったということです。だからイエスの十字架もイエスをお迎

えした当時のユダヤ人その指導者たちが、イエスを不信して人間の責任を果たさなかったのではないか、とも深く考えてみなければならないのです。

　ディートリヒ・ボンヘッファーは第二次世界大戦にナチスに反対して獄中につながれ刑死したのですが、その著『抵抗と信従』のなかで、"神はご自身をこの世から十字架へと追いやり給う。神はこの世においては無力で弱い"と書いています。

　神(ヤハウェ)は人間始祖が禁断の木の実を食べたときの嘆きばかりではありません。その後、数々の苦悩を漏らしておられるのです。カインとアベルの時、ノアの時から始まって、実は延々と人間が責任を果たさない長い歴史が始まります。

　その歴史の一コマ一コマに懸ける神の人間への期待に対して、人間の失敗と神への不信と反逆は恐るべきものがあります。人間たちの失敗と反逆によって引き起こされた戦争や飢餓や疾病による人間の塗炭の苦しみ(泥にまみれ、火に焼かれるような非常に苦しい境遇)は、実は神ご自身にとっては無限の十字架であられたことを、今こそ私たちは知らなければならないのです。

カインとアベルの話－神の人類救済への着手

創世記 3 章 23 － 24 節

　そこで主なる神は彼をエデンの園から追い出して、人が造られたその土を耕させられた。

　神は人を追い出し、エデンの園の東に、ケルビムと、回る炎のつるぎとを置いて、命の木の道を守らせられた。

第 4 章 1 － 12 節

　人はその妻エバを知った。彼女はみごもり、カインを産んで言った、「わたしは主によって、ひとりの人を得た」。

彼女はまた、その弟アベルを産んだ。アベルは羊を飼う者となり、カインは土を耕す者となった。

　日がたって、カインは地の産物を持ってきて、主に供え物とした。

　アベルもまた、その群れのういごと肥えたものとを持ってきた。主はアベルとその供え物とを顧みられた。　　　しかしカインとその供え物とは顧みられなかったので、カインは大いに憤って、顔を伏せた。

そこで主はカインに言われた、「なぜあなたは憤るのですか、なぜ顔を伏せるのですか。

　正しい事をしているのでしたら、顔をあげたらよいでしょう。もし正しい事をしていないのでしたら、罪が門口に待ち伏せています。それはあなたを慕い求めますが、あなたはそれを治めなければなりません」。

カインは弟アベルに言った、「さあ、野原へ行こう」。彼らが野にいたとき、カインは弟アベルに立ちかかって、これを殺した。

　主はカインに言われた、「弟アベルは、どこにいますか」。カインは答えた、「知りません。わたしが弟の番人でしょうか」。

主は言われた、「あなたは何をしたのです。あなたの弟の血の声が土の

中からわたしに叫んでいます。

　今あなたはのろわれてこの土地を離れなければなりません。この土地が口をあけて、あなたの手から弟の血を受けたからです。
あなたが土地を耕しても、土地は、もはやあなたのために実を結びません。

　あなたは地上の放浪者となるでしょう」。
————————————

　さてアダムとエバは原罪を持ちましたが、その罪の中で息子カインとアベルを生みます。アウグスチヌスは『神国論』（『神の国』）において、"人間が堕落したにもかかわらず、神は子供を産む祝福を奪われなかった"と言っています。けれども、このアウグスチヌスの意見も深く吟味する必要があります。アダムとエバは本来は人類最初の先祖として、神からの盛大な祝福を受けてその栄光の結婚式を敢行して、神から祝福された子女を産むべきでした。確かに神は、人間の堕落後にも子供を産むことを拒みませんでした。しかしこの子供は明らかに、神によって祝福された子供ではなかったはずです。その証拠はキリスト教の歴史を通しても、どれほど信仰の篤い両親であっても、メシヤ、救い主の贖罪を受けずしては、原罪のない子供を産むことはできないのです。アダムとエバは堕落によって原罪を持ち、それは子孫すべてに受け継がれているのです。アダムとエバが堕落しなかったならば、そのアダムの家庭の伝統はその後、子孫に末永く継承されているべきでした。しかし、子孫である私たち人類は、そういう最初の始祖のいかなる内容も知らないのです。というよりも、まるで闇に葬られたような人類最初の家庭です。それは神の深い悲しみであるということを知らなければなりません。

　だから、イエス・キリストが後のアダム、つまり第2のアダム（コリント人への手紙一.15章22節。45節。47節）としてこられたのは、＜子羊の婚姻＞が最大の目的でした。そのような神の息子の婚姻を神は

誰よりも待ち望み、祝福したかったに違いないのです。こういう観点から、イエスの十字架をもう一度考えてみるべきなのです。イエスは生前、子羊の婚姻を受けられたでしょうか？

　さて神は、アダムの家庭をエデンの園から追い出されたのです。彼らはエデンの園から追放されて、神から遠いところに細々と農作で生活していたのです。このように＜死んだ＞立場の彼らでしたが、すでに神は悲惨な彼らを救おうと干渉しはじめます。この創世記 4 章も、淡々と短く記されていますから、現在に至るまで人々はそこを軽い気持ちで読んできました。しかし真実を探れば、驚くべき事実がわかります。

　まず何故、神は " エデンの園から彼らを追放した " のでしょうか？露骨に言えば、蛇というサタンに騙 (だま) されて、善悪知るの木の実を食べて罪、原罪を持ち＜死んだ＞立場で地獄に落ちていった、アダムとエバなのです。ところが、驚天動地のことが起こります。それは、神が彼らを救おうと、手を差し伸べられたことなのです。しかし、残念ながら両親であるアダムとエバをではなく、その息子たちのカインとアベルの時から、神は救いに着手されます。神は愛の神なのです。神がご自身のイメージとして神の似姿として、息子娘として創造していなければ、アダムとエバは＜塵や芥 (ちり、あくた) ＞のような存在として見向きもされないような者たちでした。蛇は神に反逆した神の敵のような者になった存在です。それ以降、長い歴史、実はすべての人間はこの神の敵、サタンの支配下に置かれてきたのです。人間はサタンの実体にすぎないのです。原罪を持ったということはそういうことなのです。ところが、歴史を通して人間は自己を主張し、利己主義に陥って、自分をあまりにも尊重しすぎてきました。しかし、神の目からは、わたしたちは敵の血を受けた者たちなのです。歴史を通して高度な宗教は、みな自己否定を説いてきました。修行の目的は、自己が無になることを教えてきたのは、

そのような人間の真実の姿を、高度な宗教者たちは悟っていたからです。キリスト教においても、パウロなどはよくわかっていたのです(ガラテヤ書2章19－20節)。

　ではもう一度、カインとアベルの物語に戻ります。そこには捧げもの、供え物の場面が出てきます。———創世記第4章3－5節。
カインは地の産物を持ってきて、主に供え物とした。
　アベルもまた、その群れのういごと肥えたものとを持ってきた。主はアベルとその供え物とを顧みられた。
　しかしカインとその供え物とは顧みられなかったので、カインは大いに憤って、顔を伏せた。
————————————

　カインは農夫でアベルは牧者だったとあります。ここで、二人は神に供え物をしたと記されています。そしてアベルの捧げたものだけを、神は受け取られたというのです。これも、先ほどから比喩として用いている氷河の一角なはずなので、その海面下を探っていきます。すると、これは地獄にいたアダムの家族を、神は救おうと決意されたのです。本来、神は地獄にいて神に反逆している人間に見向きもされないはずなのです。しかし神は思いなおされてか、または哀れまれたのかして、カインの供え物は受け取るのを拒否したのですが、弟アベルの供え物は受け取られたのです。もし、長男としてのカインが、原罪を持たず罪びととしての立場ではなく、正常な感情や心情があったとすれば、神がアダムの家庭を顧みてくださったという感謝の気持ちで、弟の捧げものの受諾を共に喜んだことでしょう。

　しかし、悲しいことはカインは蛇、サタンの支配下にあって、サタンの影響を強く受けていました。カインはアベルという弟の捧げものだけ

を神は受け入れて、自分の捧げものを無視されたという怒りと嫉妬が沸き上がったのです。" カインは激しく怒って顔を伏せた " とあります。そこで、神は " どうして怒るのか。どうして顔を伏せるのか。もしお前が正しいのなら、顔を上げられるはずではないか。正しくないなら、罪が戸口で待ち伏せており、お前を求める。お前はそれを支配せねばならない "。この神のカインへの言葉にも深い内容が読み取れます。どうして怒るのか？と神はカインに問いかけられました。神は言ってみれば、重い腰をあげられて、アダム家庭を代表して弟アベルの捧げものを神が受け入れて、さてこれから全アダム家庭を救い出そうとされ始めた、という立場です。本来ならば、アベルも当然、原罪のある身でしたから、神に否定されるべきでした。しかし神は受け入れたということ、その意味をカインは感謝をもって理解すべきでした。このあたりの事実の背後関係はただ類推するしかないのですが、もしかして、アベルも問題があったのかもしれません。それは、カインは長子であり、普通、長子には権利があるのです。その長子が供え物をしたものを神が受け入れなかったということには、神の深い救済の理由があったはずです。ところが、アベルはもしかして、人間的にふるまって自分の供え物を神が受け取られたことを自慢し、兄のカインが供え物を受け取られなかったことで、兄カインを馬鹿にしたのかもしれません。アベルは、兄カインの惨めで寂しい心情に、同情しなかったのかもしれません。アベルは兄カインに、心から済まなく思い謙虚にふるまえば、カインと心が通じたかもしれません。

　次の聖句を読んでみると、神は " どうして怒るのか。どうして顔を伏せるのか " と語られます。＜顔を伏せる＞とは、カインが神から隠れたのです。そこで、神は、罪がカインに迫っていることを告げます。
　ここで原罪をもった堕落人間 - アダム、エバ、カイン、アベル - の立場を少し詳しく述べておきます。もし人類始祖のアダムとエバが信仰を

もって神の戒めを守り、人間の責任を果たして成長していれば、ただ神とのみ親子の愛と心情を満喫するはずでした。ところが不信仰で神の戒めを守らず、堕落して原罪を持つに至りました。もはや本来の神とともに住むエデンの園から追放されてしまったのです。ここで神は、アダムとエバの息子カインとアベルの時代となって、彼らの救済を決意します。ところが、もし神が地獄の様な世界に住んでいるアダムの家族を救うために、両親であるアダムとエバに神ご自身の手を直接差し伸べるとすると、当然、原罪を理由に蛇、サタンが文句をつけるのです。つまり、サタンが堕落人間の所有権を宣言するのです。堕落人間は蛇、サタンの実体なのです。しかし、堕落人間とは言え、もともとは神が創造した、神のイメージとして創造したものです。だから、神にも所有の権利が当然あるわけです。地獄にいる人間は、サタンと神との中間に位置するのです。

　問題はそうなった原因は、アダムとエバが人間としての責任を果たさなかったからです。だから、神の救いも、人間自身が何らかの責任を果たさなければならないのです。カインとアベルの人間としての責任こそが、誠意を込めて神に捧げものをすることでした。神がカインに対して、" 正しくないなら、罪が戸口で待ち伏せており、お前を求める。お前はそれを支配せねばならない " と言っているのは、もしカインが怒って人間の責任をはたさない場合は、神が所有を宣言する代わりに、サタンが所有を主張するということです。この供え物を神にささげる時、カインとアベルは一体となるべきでした。ところがカインは罪を支配できないような状態でした。そこを神は憂いてカインを叱咤したのです。このことは後編で詳しく述べますが、それは、神のアダム家庭の救済をすでに計画されていたということ、そしてその大きな最終的目的こそが、アダムの家庭にメシアを送って彼らの原罪を清算することだったのです。そのメシアを送ることは神の責任なのですが、人間の側の責任があったのです。それが、人間の供え物つまり献祭の成就とアベルとカインの一体

化でした。このメシアをお迎えする基台、プラットホーム造成こそが人間の立てる責任だったのです。

そして創世記第 4 章 8 － 11 節、
　" カインは弟アベルに言った、「さあ、野原へ行こう」。彼らが野にいたとき、カインは弟アベルに立ちかかって、これを殺した。

　主はカインに言われた、「弟アベルは、どこにいますか。カインは答えた、「知りません。わたしが弟の番人でしょうか」。
　主は言われた、「あなたは何をしたのです。あなたの弟の血の声が土の中からわたしに叫んでいます。
　今あなたはのろわれてこの土地を離れなければなりません。この土地が口をあけて、あなたの手から弟の血を受けたからです。"

　これは人類初めての殺人であり今後の長い歴史の戦争の始まりです。神は " 弟アベルは、どこにいますか " と問いただしています。カインはその神の問いに対して " 知りません。わたしが弟の番人でしょうか " と答えています。これは明らかにカインの無知と責任放棄を示しています。すべて人間にはたとえ原罪を持ってしまっていても、責任があるのです。神がアベルとカインに供え物をささげるようにされたとき、アベルにもカインにも各々の責任があったはずです。アベルは自己の責任として信仰をもって、神の願いに適うように誠意を込めて捧げものをしたはずです。新約聖書のヘブル人への手紙には " 信仰によって、アベルはカインより優れた生け贄 (いけにえ) を神に捧げ、その信仰によって、正しい者であると証明されました。神が彼の献げ物を認められたからです "(11 章 4 節) とあるとおりです。

アベルは確かに人間としての責任を果た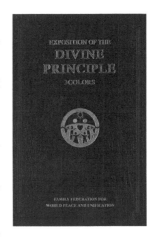
したのです。問題はカインの立場です。私
たちはこの聖書のアベルとカインの捧げも
のの箇所を読むと、まるで神はカインを最
初から差別しているかのように考えがち
です。しかし絶対に神は、平等にアベルと
カインを扱われているのです。ただアベル
とカインは各々の立場が違うのです。つま
り、堕落によってアダムの家庭にはサタン
が侵入したのです。そこで二人の息子のア
ベルとカインの、一方を神が対するアベル
を置き、もう一方をサタンが対応するカインとしたのです。これが分別
の摂理です。冷静に考えてみると、兄カインは難しい立場に立ったとい
えます。サタン側に立ったということです。堕落がなければ、カインは
長男ですから様々な権利があり、神の祝福も愛も多くあったでしょう。
しかし、堕落したアダムの家庭でカインは大きな責任、つまりサタンを
屈服させていくということが要求されていたのです。(この詳しい内容
は『Divine　Principle』に説明があります。天使が神に反逆して、エバ
と強姦的に血縁関係を結んだとき、堕落した性稟が偶発的に生じたので
す。これを堕落性本性といいます。

これはアダムにもまた我々すべての人類に受け継がれています。妬み
や嫉妬や血気や下克上の思いや悪の繁殖などです。神が堕落人間を復帰
し救い上げようとする場合、これらの堕落した性稟を除去しなければな
りません。これらの悪の性稟を完全に保持しているのが、蛇でありサタ
ンです。カインはこれらの堕落した性稟を除去するための条件を立てる
必要がありました。カインがその蕩減条件を立てれば、サタンを分立で

きたのです。創世記 3 章 7 節に、神はカインに、"罪は戸口で待ち伏せており、お前を求める。お前はそれを支配しなければならない"と言っているのは、この堕落した性稟を拭い去り、支配することを要求されているのです。カインは堕落した性稟の実体であるサタンを支配する必要がありました)。

　それはどういうことでしょうか？カインは、弟アベルが神の立場に立ち、神の立場を身代わりしているということを深く身に染みて理解すべきでした。そこで、カインは兄の立場であっても、＜アベルを通して神の前に出よう＞という心情と思いが＜少しでもあれば＞それは神の前に大きな条件となり、カインは責任を果たしたことになるはずでした。神はそのような＜ささいな人間の誠意＞を決して見逃されないのです。そういう些細な誠意がカインにあれば、神は間違いなくカインの供え物を受け取られたはずなのです。

　このことは、アダムとエバの時にも言えるはずです。神が＜とって食べるな＞という戒めを与えられたのですが、蛇が＜とって食べよ＞と誘惑しました。そのとき、エバとアダムが、神の戒めを思い出して、＜たとえ些細であっても、神に対する誠意をもって＞神におうかがいをたてて、尋ねる気持ちがあれば、神はその祈りを聞かれて、アダムとエバを守ることができたでしょう。
　アベルとカインの捧げものという、この事実は考えてみると何とすばらしいことでしょうか。それは堕落して罪に陥った堕落人間であっても、愛の神は、各自が神に適うような信仰態度があれば、それを受け入れられるという希望を表しているからです。では捧げもの、つまり献祭をすることの意味とは何でしょうか？アダムとエバは堕落し原罪をもって地獄に行ったのです。ところが、植物や動物は如何なる立場にいたのでしょうか？エレミヤ書には、"人の心は何にもまして、とらえがたく

病んでいる。"(エレミヤ書 17 章 9 節)。King JamesBible.　"The heart is deceitfula boveall　things.And desperately wicked."

　<All things> とは、万物の意味です。つまり、人間は堕落によって万物よりもはるかに汚れ劣った立場になったのです。だから、農作物や動物などの万物を立てて、それらを通して神のみ前に出るということが供え物の意義なのです。しかし、人間が堕落するようになって、万物までサタンが支配するようになりました。新約聖書のローマ人への手紙には、" 被造物がすべて今日まで、共にうめき、共に産みの苦しみを味わっていることを、わたしたちは知っています "(ロマ書 8 章 22 節)。だから、万物をもって供え物をするということは、万物をも救うという意味があります。

　では、<人間を救う>ということはいかになされるのでしょうか。つまりアダムの家庭の人間を救うということです。実は、より清いより純粋な信仰的な人物を、先ほどの万物のように供え物として捧げるのです。アダムの家庭の場合は、弟アベルは兄カインよりも純粋で信仰的な立場でした。その弟を兄カインが神の前に捧げるのです。つまり、カインよりも神に近い存在のアベルを通じなければならないのです。その後の歴史を見ても、各家庭や民族においても、アベルのような存在が重要な立場を担っているのです。例えば、イサクの家庭の弟ヤコブと兄エサウにおいてのヤコブや、ヤコブの家庭の弟ヨセフなど、またタマルの双子のゼラとペレズのペレズ、更にヨセフの兄マナセと弟エフライムです。祖父ヤコブ (イスラエル) は右手を伸ばして、弟であるエフライムの頭の上に置き、左手をマナセの頭の上に置いた、など。そのもっと重要な捧げものはイエスでした。当時の洗礼ヨハネやユダヤ教の指導者たちは、イエスを<生きた供え物>として捧げて救いの道を歩むべきでした。それは、当時のユダヤ教の指導者たちの人間としての責任だったのです。

　ところが、人々はイエスを不信仰して人間の責任を全うしなかったために、やむなく、＜死んだ供え物＞としてイエスを十字架につけて、そういう本来の神の願いではない道を神は容認せざるを得なかったのです。これほど悲惨なことがあるでしょうか。アダムの家庭においては、長子のカインが、次子のアベルを生きたまま実体として神に捧げることが必要でした。簡単に言えば、カインは長子ですが嫉妬もせず謙虚な態度で神に感謝して、アベルと一つになればよかったのです。しかし失敗して死んだ状態の悲惨な捧げものになりました。

　さて、すでに述べましたが、堕落し原罪を持ったのはアダムでした。それなのに何故、神はアダムそしてエバを直接にまず救おうとされなかったのか？という疑問が起こります。つまり何故神はアダムの家族を救うためにアダムに供え物をささげるように言わなかったのかということです。それはもともと神がアダムを創造したので所有権を持っているのですが、アダムの堕落によって、原罪を理由に蛇、サタンが、讒言し訴えてくるのです。つまり、堕落人間にはサタンが所有権を宣言するのです。アダムはサタンと神との二人の主人をもつ中間に位置するのです。これでは供え物をささげることができないのです。もしアダムが捧げものをしようとすれば、アダムと血縁関係があるという条件で、サタンがアダムに対応しようとしてきます。

　そこでアダムを善と悪、つまり神側とサタン側に分けて供え物をさせようとされたのです。それが息子たちです。そこで、弟アベルを神側に立て、兄カインをサタン側に立てたのです。ここで重要なことは、最初の供え物を捧げるときは、弟アベルが主体となって、羊の群れの中から肥えた初子を捧げるのです。このアベルの捧げものを神は受け入れたのです。神がカインの捧げた農作物の実りを受け入れなかったのは、決して神がカインを嫌ったのではありません。カインはアベルが成功した条

件 (信仰基台と言います) の後、次はカインが主体となってアベルを神に捧げるのです (実体基台と言います)。ではカインは次にどうすればいいのでしょうか？それは、アベルが神の前に信仰を立てたのですから、カインはたとえ兄の立場であっても、アベルを愛して謙虚になり従順になって、今度は弟アベルを神の前に捧げるような条件を立てればよかったのです。これは、実体的な献祭、実体的な捧げものを意味します。最初の羊や農作物などの献祭は極めて外的なもので万物を救い救済するものです。しかしカインが主体となってアベルを神に捧げることは、きわめて内的な目に見えない献祭なのですが、しかし実体的に堕落人間を救い救済することのできる内容なのです。外からは目に見えない内的な心なのですが、その心を神はじっと見つめられているのです。

　だから＜たとえ些細であっても、神に対する誠意をもって＞、アベルを通していこうという気持ちがあれば、それは、霊的な蛇、サタンを屈服させたことになるはずでした。そのことをカインは悟ることができませんでした。もしカインがアベルを愛して従順になって一体となり、神の前にカインがアベルを内的に献祭しておれば、子女としてのカインとアベルの救済の成功は、父母であるアダムとエバをも救われ救済されるはずでした。このことは、人類救済の法則に近い内容なのです。これはくどいほど何度も述べますが、イエスの時もそうだったのです。洗礼ヨハネやユダヤ教の指導者たちは、イエスを生きた供え物として捧げて救いの道を歩むべきでした。
　いままで、人間の救われる立場を随分語りましたが、では神は如何なる御心情でおられたか？という重要なことを述べておきます。

　まずエバの堕落があったのですが、エバを表す象徴的な名前こそが＜善悪知るの木＞という、ちょっと普通ではない名称です。これは、エバはアダムよりも悪を知るということを意味しているのでしょうか？しか

86

し問題はアダムなのです。アダムこそが固く信仰をもって神の戒めを
守っておれば，たとえエバが失敗をしても挽回できるのではないかと考
えられます。つまり、落ちたエバをアダムは引っ張りあげられたのでは
ないでしょうか？しかし、アダムはエバにそそのかされて取って食べて
堕落したのです。これが堕落の決定的な内容でした。"このようなわけで、
一人の人によって罪が世に入り、罪によって死が入り込んだように、死
はすべての人に及んだのです "(ローマの信徒への手紙 5 章 12 節) と述
べられているように＜一人の人＞とはアダムのことです。アダムとエバ
の禁断の木の実をとって食べたことは、堕落したということです。この
時の神のお気持ち、ご心情はわたしたちが想像できる何倍、何千倍、何
万倍のものであられたに違いないのです (＜食べたこと＞の意味は次の
章、ネフィリム、巨人伝説で詳述します)。ヨーロッパには、神話の話
やそれを題材にした絵画が多いのですが、残念ながら神の内実、ご心情
から遠い遠い世界を表現したにすぎないと思われるものが多いのです。
まず神が人間を自らのイメージとして創造されたということは " 神の息
子娘 " として生み出されたということです。確かに天地創造において、
神は希望を持たれて喜びの中で、多くの種類の動物、植物、鉱物をはじ
め天体や海洋や湖水や川を創造されるたびに＜良し＞と言われて喜ばれ
たのです。しかし、それらは人間創造のおぜん立てであり人間のための
環境でした。最終的にアダムとエバが誕生した時、神は、おどろきにも
似た感動を経験されて栄光の朝を迎えられたのです。

　こうしてアダムとエバは人生を出発するのですが、その歩みはまさし
く神の愛と生命と希望や理想の結実していく人生であるはずでした。神
はアダムとエバを本当に信じたかったし、彼らに対して無限の希望と理
想を持ちたかったのです。そしてアダムとエバが、赤ん坊から幼児へと
成長していく過程で、彼らは神への信仰と希望と愛情が徐々に生育され
て、また神の愛情をふんだんに受けて、いわば神ご自身も彼らとともに

様々な愛情を体験されて完成へと向かうはずでした。ここで読者は神は初めから絶対で完全で完成されておられるはずだと当然考えるでしょう。しかし愛の世界は、たとえ全知全能で絶対的な神ですら、単独では経験することはできないのです。だから聖書には次のような描写があるのです。あらゆる掟 (おきて) のうちで、どれが第一でしょうか、と一人の律法学者がイエスに尋ねた時、イエスはこのように答えられました、" イスラエルよ、聞け、わたしの神である主は、唯一の主である。心を尽くし、精神を尽くし、思いを尽くし、力を尽くして、あなたの神である主を愛しなさい "(マルコによる福音書 12 章 29 － 30 節) と。このイエスの言葉が教えることは、神はたとえ堕落した人間であっても、その者たちからの真摯な愛を待ち望み必要としているということです。

　愛の世界は、たとえ神であられてもお一人ではどうにもならないのです。アダとエバの創造は、神がご自分の愛を注がれるとともに、アダムとエバからの愛も受けたかったのです。こうしてアダムとエバの愛による内的成長は、神ご自身の愛における成長であり、お互いが一体となって完成へと向かうはずでした。アダムとエバが完成した夫婦として、一体となったその位置こそが、神と一体化した位置ともなるのです。そうなれば、神の人間と万物を創造した目的の完成となるのです。ここに至って親である神は子供として創造した人間に臨在されて、永遠に安息され、永遠の愛の刺激を受けるようになるはずでした。

　しかし、思わざる一日を迎えました。それが善悪知るの木の実をとって食べた、つまりアダムとエバの堕落です。特にアダムの堕落は神の心情に＜千秋万代＞にわたっても消えることのない深い悲しみを刻み込んだのです。千秋万代は万古千秋 (ばんこせんしゅう) のことです。意味は、永遠に、はるか過去から未来までずっと永久の意味です。アダムは罪悪の張本人となったのです。神はそれで信じるべき基台を失い、希望とす

るその基準がなくなり、愛すべき人間実体がなくなったのです。それゆえに最初に述べたように、アダムの家庭を救おうと神は決心されたのですが、神の心情面においてはとてもアダムとエバから救いを着手するということができなかったのです。神はアダムとエバから顔を背けながら、息子たちのカインとアベルから救いを着手せざるを得なかったのです。

ノアの箱舟物語 -
　　信頼できる人間を探す神の長い道のり

　神は創造において、神ご自身も干渉できないような特別な立場に人間を置かれました。人間は神が自由に操るロボットの様な存在ではなく、独立して自由に考えて行動できるのです。コリントの信徒への手紙二。3 章 17 節 " 主の霊のあるところには自由がある " とあるように。そして人間に責任を与えられたことです。しかし人間は堕落して原罪を持つ立場になってしまいました。サタンの支配下に置かれた人間は、神の霊から遠くなり自由を失って、自身の責任を果たすということは実に難しくなりました。堕落人間は生まれると同時に、身も心も感情も 80 パーセント以上の割合で、神の方向ではなくサタンの方向に向けるといわれます。当然、神の御心情とは遠いわけですから、神が何か願っても、反対の方向に向かって失敗を繰り返すのです。その人間たちの失敗は、神に多くの受難と苦悩を与えてきたのです。この原罪を持った人間を救うには、メシヤを送るしかないのです。メシヤを送る最初の摂理に失敗したアダムの家庭から、次のノアという中心人物を探し当てられるまで、神は長い苦難と絶望の道を歩まれたのです。

　アダムから 1,600 年後の 10 代目にノアを呼び出だします。堕落人間たちは産み増えていきましたが、流血と暴虐とにあふれて、神はとうと

うこう嘆かれます。それが、創世記にあります。"主は、地上に人の悪が増し、常に悪いことばかりを心に思い計っているのを御覧になって、地上に人を造ったことを後悔し、心を痛められた"(創世記6章5−6節)。神が人間を創造されたことまで＜後悔＞されたというのです。本来は光り輝く希望と喜びの世界に、神とともに歩むべき人間たちが、阿鼻叫喚(あびきょうかん)の信じられないような醜態で生活している姿を見られた、神の言いしれない心情の痛みと苦悩をわたしたちは考えなければなりません。それは当然、"何故、人間を作ってしまったのか？"という嘆きであられたに違いないのです。創世記6章12節には、"神は地をご覧になった。見よ、それは堕落し、すべて肉なる者はこの地で堕落の道を歩んでいた"とあります。このように、神の目から見て実に希望のない堕落人間たちでしたが、神は、ふとアベルの供え物のことを思い出されたに違いありません。アベルは兄カインに殺されたのですが、生前において本当に誠意を込めて神の願いに適う形で捧げものをして、それを神は受け入れたのです。そのアベルの神への忠誠と信仰を思い出されたのです。

　そこで、創世記の第4章25節を読むと、"再び、アダムは妻を知った。彼女は男の子を産み、セト(セツ)と名付けた。カインがアベルを殺したので、神が彼に代わる子を授けられたからである"。これは神が殺されたアベルの神への信仰と忠誠と誠意を決して忘れることなく、アベルの生き返りの身代わりのようなセト(セツ)を産ませたもうたというとです。このセト(セツ)から始まる長い子孫の果てにノアを呼び出すのです。これは人間が神に尽くした誠意と忠誠を、神ご自身は絶対に忘れない、ということを示しています。しかしここで留意すべきことは、確かにノアは神に召命されるのですが、神がアベルの神に対する誠意は覚えていても、ノアはどういう歩みをするかは神にとっても未知数なのです。ノアにも神が干渉できない人間の責任分担というものがあるからで

す。

　だからノアに対して難しい信仰のテスト、試練を与えます。それが、箱舟の建造でした。気の遠くなるような期間、ノアは箱舟造りに従事したのです。神はじっとその姿を見ておられたはずです。ノアは黙々と神の命令に従って箱舟を作っていきました。(大きな箱舟を平地ではなく、山の上に建造するよう命令されたようです。木材や機材を山の頂上まで運んでいく過程はどれほど大変だったでしょうか)。聖書には、ノアは神に従う無垢な人であり、神とともに歩んだとありますが、村人や他の人々は、ノアに対して幾多の非難や中傷を行ったに違いありません。当然、ノアの妻や子供は、それらの周りの人々に影響されていたことも考えられます。だからノアの妻や子供たちが、完全にノアの作業に協力したかはわかりません。もし協力したとしても、内心は不平や不信があったはずです。このことの証拠は、洪水が終わり家族が箱舟から出た後、どういう行動に出たかがそれを示しているのです。このことは、のちのアブラハムの捧げものの時にも詳しく述べるのですが、父親のノアが箱舟創建に尽くした心情を次の息子たちに連結させ、心情の一体化をなさしめようとされたその＜重要な一瞬＞、または、供え物、捧げものをする＜その一瞬＞は、それまでの信仰や忠誠や義の心などが、如何なるものであったかがすべて現れるのです。それは、それまでの内外の成果であり結実なのです。ちょうどわたしたちが入学試験や入社試験や様々なテストを受けることとよく似ています。日々の落ちどころのない確実な努力が、一瞬のテストの成果に現れるのです。ノアの箱舟を作る作業の毎日、毎時間はノアを中心として、妻や子供たちが完全に心を合わせて、神の前に信仰を立てる過程でした。

　その頃の神の御心情とお気持ちは深刻であられ、平静ではなかったのです。すべての人間を見て深いため息をついておられた神だったのです。神は最初のアダムとエバが反逆し堕落してしまい、神の信じる子供を失

いました。アダムに懸けた無限の希望も無くなってしまいました。その息子のカインとアベルも、人間の責任を果たせず神を嘆かせました。人類は繁茂してきましたが、そこには淫乱と争いとが渦巻いていました。神はもう、それらの堕落した人間を一掃してしまいたいと思うようになります。それが＜地上に人を造ったことを後悔し、心を痛められた＞という悲しみの言葉です。そして、"わたしは人を創造したが、これを地上から拭(ぬぐい)い去ろう"(創世記第6章7節)という宣言です。洪水審判です。しかし絶望的な堕落人間の中に、せめてノアの家庭だけは残したかった神なのです。しかし、神は色眼鏡をかけてノアの家庭をじっと見つめておられたのです。その神の切迫したご心情を、ノアもその家族も深くしみじみと感じていなければならなかったのです。それでもとうとう長い長い期間(120年間)かけて、山の上にノアは箱舟を建造したのです。その建設の成功は、ほんとうに神の慰めであったに違いありません。そこで40日40夜豪雨のはてに、神は大洪水をおこします。その前に、ノアと息子のセム、ハム、ヤペテと、ノアの妻と、3人の息子たちの嫁も箱舟に入りました。彼らとともに、獣や家畜や地を這うものや鳥などもです。

　ここで、余談のようですが述べたいことがあります。このノアの洪水の物語は、ちょうど天地創造の物語が二種類あったように、洪水物語が二度語られているのです。ただ創造物語が別々に語られているのとは異なって、二つの洪水の物語がほとんど合体して語られているのです。二つの洪水物語は、内容はほぼ同じなのですが、神(エロヒーム)と神、主(ヤハウェ)の各々が、命令して箱舟に入れる、動物や家畜や地に這うものや鳥などは少し違うのです。神(エロヒーム)の命令は、それぞれの種類の2つずつ(6章19節)なのに対して、神、主(ヤハウェ)が命令して箱舟に入れるものは、清い動物すべてを7つがい、そして清くない動物すべてを一つがい、空の鳥も7つがいと命じているのです(7

章 2 － 3 節)。

　以前、『神の伝記』を書いたジャック・マイルズのことをちょっと語りましたが、マイルズはこのノアの洪水について、神 (エロヒーム) と神、主 (ヤハウェ) はそれぞれ異なる動機で洪水を起こしたと書いています。つまり、マイルズの意見としては、主 (ヤハウェ) は、" 主は、地上に人の悪が増し、常に悪いことばかりを心に思い計っているのを御覧になって、地上に人を造ったことを後悔し、心を痛められた。主は言われた。わたしは人を創造したが、これを地上からぬぐい去ろう。人だけでなく、家畜も這うものも空の鳥も。わたしはこれらを造ったことを後悔する。しかし、ノアは主の好意を得た " と創世記 6 章 5 － 8 節に述べられているように、主 (ヤハウェ) が洪水を起こすその動機は、<後悔>から行動する、そして、心を痛められた、その痛みから洪水を起こそうとされたのだと主張します。また、マイルズはこうも述べます。洪水は決してノアのためではない。第二のアダムとしてのノアとともに、創造の再出発をするためでもなかった。

　つまり主 (ヤハウェ) はおもに怒りの感情から洪水を起こした。ただ、ノアがのちに捧げものをしたので主 (ヤハウェ) の怒りの心が和らいで二度と怒りを爆発させなかった、と書いています。しかし洪水を起こした原因は、主 (ヤハウェ) が後悔し怒ったことがその動機であるというだけでは正解ではないでしょう。確かに主 (ヤハウェ) の怒りの感情が洪水を起こしたように思えますが、神 (エロヒーム) のことも考慮に入れる必要があります。例えば、箱舟の建造において、いかなる材木を使うか、船の内部の部屋やそれに塗るタール、箱舟の長さ、幅、高さの数字を示し、照明や戸口の設置、三階建てにする、など実に詳細に設計図をノアに提示しています。創世記 6 章 14 － 16 節にです。これは神 (エロヒーム) なのです。神 (エロヒーム) のこのような冷静な一面も十分考慮しなければなりません。

洪水の物語は聖書以外にも、シュメールやバビロンの文明などでも、その神話的な伝承によく似たものがあるのです。しかし、それらの異教の伝承にある洪水の原因は、嫉妬に燃える神々の気まぐれな衝動だとするのです。しかし、聖書の物語の洪水は、道徳的宗教的な教訓を意味するのです。このノアの場合は神（エロヒーム）のような動機が正しいのです。

　それは人類の上に降りかかる天災などは、ちょうど箱舟によるノア家族の救済に象徴されるように、神の救いのために必要な＜浄化＞と考えられるのです。

　この洪水は決して単なる衝動からのもではなく、明確な洪水による審判であり、これを成す理由は、歴史は＜終末＞を迎えていたからです。＜終末＞とは洪水審判ののちに、ノアの家庭を基盤としてメシヤを降臨させようとされたのです。ただ洪水によってノアの家庭と動物などの代表が生き残ったのですが、全知全能にして愛の深い神 - 神（エロヒーム）も主（ヤハウェ）も共に - は、この洪水によってすべてを一掃してしまったことを、何度も何度も反省の様につぶやいておられる、その神の言葉が聖書に記されています。それは自分に言い聞かせるようでもあります。そして人間に対しては契約、約束をされるのです。"人に対して大地を呪うことは二度とすまい"。"わたしは、この度したように生き物をことごとく打つことは、二度とすまい"。"わたしがあなたたちと契約を立てたならば、二度と洪水によって肉なるものがことごとく滅ぼされることなく、洪水が起こって地を滅ぼすことも決してない"。"水が洪水となって、肉なるものを滅ぼすことは決してない"。

　これらの神の洪水に対する思いは、ほんとうに涙ぐましいような悔恨に見えます。イザヤ書にもこのような言葉が載っています。"ひと時、激しく怒って顔をあなたから隠したが、とこしえの慈しみをもってあな

たを憐れむと、あなたの贖う主は言われる。これは、わたしにとってノアの洪水に等しい。再び地上にノアの洪水を起こすことはないとあの時誓い、今またわたしは誓う、再びあなたを怒り、責めることはない、と"(イザヤ書 54 章 8 － 9 節)。この悲壮な神の御心情をわたしたちは推し量るべきです。

　ノアの息子たちは、父ノアの箱舟建造の長い期間の神への忠誠と信仰を、深く感謝すべきであったし、また神が洪水を起こさざるを得なかった人間の堕落行為を深く反省するべきでした。しかし息子たちはその後失敗していくのです。その失敗はどこにあったのでしょうか?息子たち、セム、ハム、ヤペテは、長く父ノアの箱舟建設を見てきたし、助けたこともあたのでしょう。しかし、父ノアの神への忠誠と信仰と同じ基準をもって協力しなかったように思えます。内心は、父ノアへの疑いや不平があったようです。その後、洪水が起こりました。そして箱舟によって、ノアの家庭のみが洪水に巻き込まれることもなかったわけですが、このことへの神と父への深い尊敬の念がなかったように思われます。それは、洪水が終わり、天幕のなかで父ノアがぶどう酒を飲んで、裸で寝ていたことを、ハムは善くない事と思ったのです。しかしこの時こそ、神がノアが箱舟創建に尽くした心情を次の息子たちに連結させ、心情の一体化をなさしめようとされたその＜重要な一瞬＞だったのです。

　ところがハムは、ノアの裸を平面的に俗世間的に判断してしまい、そのことを兄弟のセムとヤペテに言いふらしたのです。それを聞いてやってきたセムとヤペテは着物をとって自分たちの肩にかけて、後ろ向きに歩いて行き、父の裸を覆ったのです。二人は顔を背けたままで、父の裸を見ませんでした。ノアは酔いからさめると、末の弟ハムがしたことを知り、こう言いました。" カナン (ハム) は呪われよ。奴隷の奴隷となり、兄たちに仕えよ "(創世記 9 章 25 節)。普通、この場面を考えた場合、

なぜ偉大な信仰者のノアがぶどう酒を飲んで酔っ払い、裸で寝るような醜態を見せてしまったのか、と考えるでしょう。しかしノアの息子たちは、そのような父の醜態を軽はずみに判断するべきではなく、深く考えるべきでした。というのは父ノアの箱舟建造の成功とそれを承認された神は、その条件で洪水審判をすることができたのです。そのことは、神がすべてにかかわっておられたし、当然、洪水後も神はかかわっておられて、ノアの家庭の一挙手一投足を精査に見ておられたという、その事実です。というよりも、洪水審判の後の方がもっと重要だったのです。

　実はこの箱舟は、単にノアの家族や動物などの代表を生き残らせるというだけのものではなかったのです。箱舟の三層は宇宙を象徴するものでした。40日間の洪水の意味は、天地創造の期間の混沌を意味していたのです。だから40日の洪水が終わってノアの家族が陸地に降りたことは、浄化された人間が再び罪やサタンとは関係のない立場で第二の人間始祖の様な立場で、新しく歴史の出発起点に立つという重要な場面だったのです。問題は箱舟を創造したのはノアでした。あたらしく出発するノアの息子たちのまず最初の大切な事柄は、父ノアの神に対する誠意や信仰や忠誠の心を完全に受け継ぐことでした。つまり、例えば、400メートルリレー競争において、バトンを次の走者が的確に受け継ぐように、その時点でノアと一体となってすべてを受け継ぐべき時でした。ところがノアの泥酔を平面的に見てしまったハム、そしてその兄弟たちでした。

　これによく似た状況は後のイスラエル民族の歴史にも少なからず出現します。例えば、モーセに先導されてエジプトを脱出したイスラエル民族に対して、神は昼は雲の柱、夜は火の柱をもって導かれたのです。ところがエジプトのファラオは軍隊を送ります。紅海が眼前に迫り、後ろからはエジプト軍の追手です。そこでモーセは神の命令によって、杖で

紅海を打つと、そこの波は分かれて、まるで陸のようになり、イスラエル民族はわたることができました。追撃してきたエジプト軍はみな水におぼれたのです。こうして、神の奇跡を経験したイスラエル民族はシンの荒野に到着するのです。神はさらに、マナと鶉を与えられ、ホレブ山で水を飲ませられ、シナイ山で十戒を記録した二つの石板を授けられます。このようにほとんど奇跡をもって神はイスラエルの民を導いてこられたのです。ところがシナイ荒野を出発すると、民はモーセを恨みます。神は怒りを発せられて火をもって彼らの宿営の端を焼かれます。イスラエルの民はそれでも悔い改めず、泣き叫びながら、マナやキュウリやスイカがないとモーセに恨み言を言い、エジプトの地に帰りたがったのです。これもノアの洪水の後、神の恵みを忘れてしまい、ノアを侮蔑したのと同じです。

　このように神が偉大な奇跡をおこされても、それを忘れてしまうというのは最大の預言者と言われたエリヤでもそうでした。北朝イスラエルの王がアハブでした。その妻イゼベルは、偶像のバアル神とアシュラ神を、イスラエルに持ち込みました。アハブ王も、偶像を崇拝しバアル神の宮や祭壇を築きます。そこでエリヤは、アハブ王に進言します。それは、バアル神とアシュラ神の預言者との対決です。エリヤは " 今イスラエルのすべての人々を、イゼベルの食卓に着く 450 人のバアルの預言者、400 人のアシュラの預言者と共に、カルメル山に集め、わたしの前に出そろうように使いを送っていただきたい "(列王記上 18 章 19 節) とアハブ王に進言します。対決するためのルールは、次のようなものでした。バアル神の祭壇に捧げられた一頭の裂いた雄牛を薪 (たきぎ) の上に乗せます。そして、バアルの預言者たち 450 人は、バアル神の名前を呼びます。
　一方、エリヤも一頭の裂いた雄牛を捧げて、主の御名を呼びます。こうして、天から火が降りて焼き尽くした方が勝ちとなります。バアルの

預言者たちは、朝から真昼まで祈り続けます。彼らは大声を張り上げ、剣や槍でからだを傷つけ血を流しました。しかし捧げものを捧げる時刻になっても、声もなく、答えるものもなく、何の兆候もなかったのです。それに対して今度は、エリヤがすべてのイスラエルの民を近くに呼びます。そこでエリヤは、ヤコブの子孫の部族の数の 12 の石を取り祭壇を築きます。祭壇の周りには溝を掘ります。そして、薪を並べ、雄牛を切り裂き、薪の上に生け贄として置き、その上から水をそそぐように民に命じます。捧げものを捧げる時刻になりました。エリヤが " アブラハム、イサク、イスラエルの神、主よ " と祈り始めました。すると、主の火が降って、祭壇のすべてをなめ尽くしました。これを見たイスラエルの民はひれ伏して " 主こそ神です " といったのです。そして、バアルの預言者を滅ぼしたのです (列王記上 18 章 38 － 40 節)。更に、そのころ北朝イスラエルの地域はひどい飢饉に襲われていたのですが、エリヤは雨を降らせる奇跡を起こします。問題はその次です。

　アハブ王は、妻イゼベルに、エリヤの行った数々の奇跡を告げたのです。イゼベルは、使者をエリヤに送って脅迫します。それを聞いたエリヤは恐れて直ちに逃げたのです。荒野を一日中歩き続けます。そして、エニシダの木の下に座り込んで、自分の命を取ってくれるように祈ったのです。そして起き上がり、更に 40 日 40 夜歩き続けます。ついに神の山ホレブの洞窟に入ります。そこで夜を過ごしていると、主が語りかけます。" エリヤよ、ここで何をしているのか " と。そこでエリヤは今までのいきさつを説明します。主は答えられて、" そこを出て、山の中で主の前に立ちなさい " と命じます。そこで有名な描写＜静かにささやく声＞が述べられます。

　" 見よ、そのとき主が通りすぎて行かれた。主の御前には非常に激しい風が起こり、山を裂き、岩を砕いた。しかし、風の中に主はおられなかった。風の後に地震が起こった。しかし、地震の中にも主はおられな

かった。

　地震の後に火が起こった。しかし、火の中にも主はおられなかった。火の後に、静かにささやく声が聞えた。それを聞くと、エリヤは外套で顔を覆い、出て来て、洞穴の入口に立った。そのとき、声はエリヤにこう告げた。" エリヤよ、ここで何をしているのか "（列王記上 19 章 11 － 13 節）。そこでエリヤはまた今までの経緯を説明します。それで主は最終的な答えをエリヤに告げるのです。それは、" 行け、あなたの道を帰って行って、ダマスコの荒野におもむき、ダマスコに着いて、ハザエルに油を注ぎ、スリヤの王としなさい。またニムシの子エヒウに油を注いでイスラエルの王としなさい。またアベルメホラのシャパテの子エリシャに油を注いで、あなたに代って預言者としなさい。

　ハザエルのつるぎをのがれる者をエヒウが殺し、エヒウのつるぎをのがれる者をエリシャが殺すであろう。また、わたしはイスラエルのうちに七千人を残すであろう。皆バアルにひざをかがめず、それに口づけしない者である "(列王記上 18 章 15 － 18 節))。

　さて読者はこのモーセの時の出来事や特にエリヤと神、主の受け答えを見て何を感じるでしょうか。誰もが首をかしげることは、旧約聖書の中で最も偉大な預言者エリヤ、そのエリヤの祈りに神、主は全幅において答えられて、バアルの預言者やイスラエルの民の前で驚くべき奇跡を挙行されたのです。しかしアハブ王の妻イゼベルの脅迫に、怖気ずいて逃亡してしまうのです。信じられないようなエリヤの不信仰ではないでしょうか。エリヤはあれほどの奇跡を神、主がなしてくださったことで理解した全能の神、主の力を深く自らの信仰や心に植え付ける、そしてその基準をその後、長く保つ必要があったのです。逃亡して弱りはてたエリヤに、神は " エリヤよ、あなたはここで何をしているのか " と何度も語り掛けておられるのその神の残念な悲惨なご心情をわたしたちは、

冷静になって考えるべきなのです。

　それは、モーセの時もそうでした。神は紅海を割るという奇跡ばかりではなくその後のイスラエル民族の行く手に数々の奇跡を起こして導かれました。そこでモーセもイスラエルの民もその数々の神の奇跡と導きの度に、自らに感謝や信仰を深めてその基準を長く保つ必要があったのです。ところが、砂漠の中でモーセに対する不満がつのり、キュウリやスイカがないと叫び、奴隷として苦しんでいたはずのエジプトに帰りたい、というようになるのです。また、ノアの家族も同じでした。神は奇跡をもって洪水をおこし、箱舟に入ったノアの家族だけを救いました。箱舟を作ったノアにも感謝したはずです。しかし、普段の生活が始まると、以前、神の奇跡やノアの努力を見たときの感謝や信仰の基準を忘れてしまって、逆恨みをするようになるノアの息子たちでした。

　これら人間たち、神によって召命された預言者たちの失敗の原因はどこにあるのでしょうか。それは結論から言えば、神の摂理への無知です。神は、ノアの家庭に洪水審判の後、メシヤを送ろうと計画されていたのです。それでノアの息子たちは人間の責任として自分たちの頭で考えて、父の願いを知り、継承し、兄弟間の一体化を成して、メシヤ降臨の準備をするべきでした。預言者エリヤの場合、神の心中の悩みと苦悩は、メシヤを送る前に、いかに北朝イスラエルと南朝ユダを一体化させるかでした。エリヤがその神の心中を自らが悟るべきでした。"わたしはイスラエルのうちに七千人を残すであろう。皆バアルにひざをかがめず、それに口づけしない者である"と神が言っているように、北朝イスラエルには、7,000人ものバアル神に屈服しなかった義人たちがいると教えられたのですから、この7,000人をエリヤが導くべきだと自らが悟るべきでした。偉大な預言者や現代にいたる敬虔な信仰者たちに共通の大きな欠点は、神は命令するお方だとのみ考えて、啓示ばかりを待ち望んで

一向に自らの頭で考えようとしないことです。歴史を通して、そのような悲惨な人間の状態を身に染みてわかった人々は、真剣に祈ったり、人間の理性を磨き上げようとしてきました。何が正しく何が真理なのかを追い求めてきたのです。

　例えば、エリヤの様な預言者などの神の摂理上の指導者たちのみならず、わたしたち人間が、何よりもまず自分の頭で考えるべきことは、"歴史"特に"神の摂理歴史"なのです。預言者たちのみならず、すべての人間は、その時だけに出会うように、突然、空中からやってきたのではないのです。ヘリコプターなどによって空中から投げ出された者でもありません。皆、歴史的に結実した実なのです。エリヤの場合、なぜ、彼は神に召命されて北朝イスラエルに送られたのでしょうか？それは、北朝イスラエルと南朝ユダという同一民族の国は、もともとは一つのイスラエル民族の国だったのです。つまりサウル王、ダビデ王、ソロモン王と続いた統一王国がその前にあったのです。この統一王国はサウル王、ダビデ王、ソロモン王などの国王を中心として＜神殿＞理想を目的とする王国でした。この＜神殿＞とは、将来、メシヤが実体をもって降臨されるためのイメージの様なものでした。この神殿というメシヤのイメージを掲げた統一王国に至る前は、イスラエル民族がエジプトから解放されてモーセを中心として＜幕屋＞理想を掲げて砂漠を渡っていたのです。この＜幕屋＞というものもメシヤの象徴でした。つまり、イスラエル民族の歴史は選民としてメシヤを待望する歴史でした。ところが、ソロモン王はちょうどアハブ王の妻イゼベルのように異教の偶像に影響されます。それは、ソロモンが多くの異教の女性を囲ったからです。それで統一王国はついに北朝イスラエルと南朝ユダに分裂します。だからエリヤは神の偉大な奇跡のみに頼り心酔するばかりではなく、北朝イスラエルと南朝ユダを再度統一することが神の願いであると自ら悟るべきでした。それは、神の摂理歴史最大の目的であるメシヤを準備しお迎えす

るためです。実はその後もエリヤはそのことを悟ることができず結局は昇天していきます (列王下 2 章 11 節)。それで、サタンは横行するようになっていました。

　それでも歴史は刻々とメシヤであるイエスの降臨が迫っていました。そのことを心配された神ご自身は、旧約聖書の最後、マラキ書に " 見よ、わたしは、大いなる恐るべき主の日が来る前に、預言者エリヤをあなたたちに遣わす "(マラキ書 4 章 5 節) と予言されて、メシヤ降臨の前にエリヤを前もって送ることを約束されたのです。これはエリヤが完全にサタン勢力を屈服させて、北朝イスラエルと南朝ユダを統一することができなかったので、再度その失敗を償いやり直しをさせるためでした。つまり、エリヤの再臨です。このエリヤの再臨はメシヤ降臨の前になされなければなりませんでした。それで、イエス当時のイスラエル民族、ユダヤ人たちは、メシヤを待ち望むとともに、その前に、預言者エリヤが送られてくることを待ち望んでいたのです。では、メシヤであられたイエスの前に預言者エリヤが来たのでしょうか？このことが歴史の重要なポイントでした (詳しくは『Divine　Principle』の＜エリヤの再臨と洗礼ヨハネ＞の章を読んでみてください)。

　ここで、まず、40 日洪水審判が終わった直後のノアの立場は、まるで天地創造直後のアダムのような立場であったことを理解しましょう。神はアダムの創造には多くの夢と希望をかけられたのです。それが、彼の堕落によって神に＜千秋万代＞にわたっても消えることない悲しみを与えてしまったのです。ノアの洪水が終わった時、当然、神は最初のアダムの失敗をやり直そうと考えられたに違いないのです。それは、神ご自身に与えた＜千秋万代＞の苦悩というものを少しでも緩和したいとも思われたに違いないのです。例えば、相撲において双方の力士が闘争に立ち上がろうとしてもお互いの呼吸が合わない時があります。その時、行司は＜仕切り直し＞をさせるのです。入学試験に失敗したら浪人生活

をして再度、試験に臨みます。その時、失敗した内容を修正、反省して臨むのです。

　人類の始祖であるアダムが失敗することによって罪と死がこの世に入りました。それをやり直しするために来られたのがキリストです。キリストによって恩寵と永遠の命が復帰されるのです。エイレナイオス (SaintIrenaeus) は救いは " 要点の繰り返し "(recapitulation) であると言いました。これは、アダムの失敗したことをキリストが新しくやり直すということです。洪水審判の後、箱舟から出たノアを見て、神はアダムの失敗を新しくやり直そうと考えられたのです。実は、ノアがぶどう酒を飲んで裸で寝ていた、ということも、深く考えてみると、神の恨みをはらそうとされたともいえるのです。このノアの裸はキリスト教の聖書辞典などを読んでみると、ノア自身の問題として軽く平面的に扱っています。しかし、神が直接的に与え、設置されたノアの息子への試練ともいえるのです。

　アダムとエバは堕落以前は、純粋無垢であって、創世記 2 章 25 節によれば、" 人 (アダム) と妻 (エバ) は二人とも裸であったが、恥ずかしがりはしなかった " とあります。しかし、罪を犯し堕落して原罪を持った後は、創世記 3 章 7 節によれば、" 二人は目が開け、自分たちが裸であることを知り、二人はいちじくの葉をつずり合わせ、腰を覆うものとした " と記されています。神は親として我が子が純粋無垢であったころの無邪気な様をどれほど懐かしく、またそれが奪われた悲しみの心で回想されたでしょうか。その悲しい神の心情をもう一度 " 要点の繰り返し "(recapitulation) をしたいと思われたとも解釈できるのです。ところが、残念なことは、ノアの子供たちは、父親のノアの気持ちと一つになろうとしなかったばかりか、神の深いその時のお気持ちや心情を理解しようとはしなかったのです。ノアの " 裸 " を恥ずかしく思い、ちょうど、ア

ダムとエバがいちじくの葉で腰を覆ったと同じように、ハムの扇動によって、やってきたセムとヤペテは着物をとって、後ろ向きに歩いて、恥じて、父ノアの裸を覆ったのです。ノアが酔いからさめて、ハムらがしたことを知り、"カナンは呪われよ"といったのは、アダムとエバが純粋無垢な子供であった当時、神が喜びと希望を満喫されていたご心情を取り戻したい、という心をまた打ち砕いてしまったのです。

　さて、アダムとエバが取って食べた禁断の木の実が、何かの果物のようなモノであれば、当然、口で食べてから、誰かに見つかれば、口を隠すでしょう。しかし、アダムとエバは、取って食べた後、裸であることを恥ずかしく思って、いちじくの葉で腰をおおった、つまり、＜下半身＞を隠したということです。利口な読者であれば、この禁断の木の実を取って食べた、とは比喩であって、何かもっと重大深刻な事柄だと推測されるでしょう。実はその一つのヒントが創世記第6章のノアの＜洪水審判＞の物語の劈頭（へきとう）に記述されているのです。そしてこの物語を解明していくと、より詳しく理解できるはずなのです。でもこれは一見すると実に奇妙な物語です。

創世記6章1－7節。
"人が地のおもてにふえ始めて、娘たちが彼らに生れた時、
＜神の子たち＞は＜人の娘たち＞の美しいのを見て、自分の好む者を妻にめとった。
そこで主は言われた、「わたしの霊はながく人の中にとどまらない。彼は肉にすぎないのだ。しかし、彼の年は百二十年であろう」。
そのころ、またその後にも、地にネピリムがいた。これは＜神の子たち＞が＜人の娘たち＞のところにはいって、娘たちに産ませたものである。
彼らは昔の勇士であり、有名な人々であった。

主は人の悪が地にはびこり、すべてその心に思いはかることが、いつも悪い事ばかりであるのを見られた。
主は地の上に人を造ったのを悔いて、心を痛め、
「わたしが創造した人を地のおもてからぬぐい去ろう。人も獣も、這うものも、空の鳥までも。わたしは、これらを造ったことを悔いる」と言われた。"

　この記述のなかで、＜神の子たち＞は＜人の娘たち＞の美しいのを見て、自分の好む者を妻にめとった、とありますが、これはどういう意味でしょうか？＜神の子たち＞とは誰であり、＜人の娘たち＞とは誰でしょうか？この創世記6章の中の、＜神の子たち＞と＜人の娘たち＞を間違って解釈する人も多くいるようです。その聖書解釈者たちは＜神の子たち＞を、セト(セツ)の子孫たちと考えるのです。セト(セツ)とは誰であったか覚えておられるでしょう。つまり、アベルは神に誠意と真心を尽くしたのですが、カインに殺されます。しかし、神はアベルの身代わりのような形でセト(セツ)を与えられるのです。創世記4章25節を読むと、"再び、アダムは妻を知った。彼女は男の子を産み、セト(セツ)と名付けた。カインがアベルを殺したので、神が彼に代わる子を授け(シャト)られたからである"とあるようにセト(セツ)がアベルの立場を引き継いでいくのです。このセト(セツ)の末裔こそが、＜神の子たち＞だというのです。この系統のなかにはエノクとノアなどの義人が現れ、二人とも＜神とともに歩んだ＞といわれます。つまりこの系統が神側の系統であり＜神の子たち＞だというのです。

　それに対してカインの子孫も産み増えていきます。カインの子孫にはレメク(ラメク)のような乱暴な征服者のような強い人間が生まれ、レメク(ラメク)には二人の妻アダとツィラがいました。アダは化粧で飾り立てる女性、ツィラは陰険な女性でした。その娘はナアマといって妖

艶な女性でした。

(レメクという名前はノアの父の名前でもありますので混乱しないように。) この系統は (堕落) 人間の側で＜人の娘たち＞だというのです。

　このように、セト (セツ) の男たちが、カインの子孫の娘たちの美しいのを見て、自分の好む者を妻にめとったと解釈するのです。しかし、この考え方は一種のこじ付けの様な感じがします。

　正しい解釈は以下です。＜神の子たち＞とは、旧約聖書においては、神の宮廷につかえる天使を意味するのです (詩編 29 章 1 節。89 章 7 節。ヨブ記 1 章 6 節。)。＜神の子たち＞とは、聖書やユダヤ教の伝承によると、本来は見張り人 (Watcher) として神から遣わされた天使たちである、という。それに対して＜人の娘たち＞を人間の娘たちと解釈するほうが有力である (竹田伸一 " 巨人伝説の考察 " より) といわれます。こうして天使たちは人間の娘たちに対して欲望を抱き、彼らと関係を持った。そして、天使と人間の娘の混血として生まれたのが巨人、ネピリムなどであるという意見です。わたしもこの意見に賛成ですが、詳しく言えばこの意見の後半、ネピリムなどの誕生については事実だろうか？と疑います。というのは天使は人間の様な肉体は持たないからです。

　まず、ヨブ記 1 章 6 節には、" ある日、主の前に神の使い達が集まり、サタンも来た " とあるように神の人、天使のなかにも堕落した天使がいるということです。それが、サタンです。ここにいくつかの重要なポイントがあります。まず、天使は霊的な存在です。肉体を持っていないのです。しかし、天使がアブラハムの家庭に現れて肉を食べた (創世記 18 章 8 節)。また、ロトの家を訪ねてきた二人の天使に町の人が色情をおこして誘惑しようとした (創世記 19 章 1 － 5 節)。更に、天使がヤコブと相撲を取って、ヤコブの腿 (もも) のツガイが外された、という例を見ると肉体を持っていない天使ですが、人間と何等かの交流がで

きるのです。それは人間は肉身と共に霊の体つまり霊人体があるからです。

　この霊人体は霊感によってのみ感じ取ることができ、神と直接的に交流できるのです。わたしたちが、我知らず永世を願うのもわたしたちの本質こそが霊であるからです。創世記において、神は人間に森羅万象の主管権を与えました。この森羅万象は、単に人間の肉身のような有形の世界ばかりではなく、人間の霊人体のような無形の世界つまり霊界もあるのです。だから、人間に与えられた主管権とは無形の世界、霊界をも主管する権利なのです。天使は無形世界に住む者ですから、天使を主管するには人間の霊人体で主管することができるのです。しかし悲しいかな人間は堕落することによって地上も天上も、この世も霊界も混乱と無秩序となりました。天使の一部が堕落して、無力無知な人間を逆に主管するという事態になったのです。この事実の一つが、＜神の子たち＞は＜人の娘たち＞の美しいのを見て、自分の好む者を妻にめとった、ということです。

　しかし、結婚して人間の娘が天使の子供巨人、ネピリムを産むということは古代ギリシャなどの神話ではありえても、現代の科学的見地からは考えられないでしょう。一応ブリタニカの辞典は次のように説明しています。" ヘブル。バイブルによれば、ネピリムとは、洪水の前後の、神秘的な存在のグループまたは異常な大きさと力を持った人間です。旧約聖書の創世記。民数記。そして多分、エゼキエル書の記されています。ヘブライ語のネピリムとは、時々、＜巨人＞とか＜落ちた者＞の意味ですが、ネピリムの正体については様々な学者たちの議論が続いている " というのです。

　さて、ここから問題の本題に入ります。それは、＜神の子たち＞は＜人の娘たち＞の美しいのを見て、自分の好む者を妻にめとった、と述べられています。しかし、そのような行動が、はたして神によって許さ

れたことであるのか？ということです。人間と結婚をするということなどは、常識的には考えられないことです。そこで、では本来の天使の使命とは何であったのかを再確認しておきます。

　天使の本来の使命とは、"天使たちは皆、奉仕する霊であって、救いを受け継ぐことになっている人々に仕えるために、遣わされたのではなかったですか"（ヘブル書 1 章 14 節）とあるように天の使いとして創造されたたはずです。人間の娘が美しいと思ってめとった、などということは奉仕したり仕えるという使命を逸脱している、天使の犯罪に相当するのです。

　また天使は、樫の木のところでアブラハムに現れます。暑い真昼に、天幕の入口に座っていた時です。三人の天使がアブラハムのもてなした料理を食べます。その時、天使はアブラハムの妻サラの居場所を尋ねるのです。アブラハムは、彼女が天幕の中にいると答えます。すると天使の中の一人が、"わたしは来年の今頃、必ずここにまた来ますが、そのころには、あなたの妻サラに男の子が生まれているでしょう"（創世記 18 章 10 節）。このように天使がアブラハムに神の重大な祝福のみ言葉を伝達したのです。天使は、神に仕え神の御心を伝える使命だけに徹するのです。そこに天使自身の人間の娘に対する欲望とか色情などはあってはならないし、そうなれば天使は犯罪を犯したことになるのです。

　新約聖書には、メシヤとしてのイエスをめぐって、天使が神の使いとして働いていることが多く記されています。イエスの母マリアは、ヨセフと婚約していたのですが、一緒になる前に、マリアは（一応、聖書には聖霊によって、と記されていますが。）身ごもっていることが分かりました。当時、ユダヤの社会においては、他の男と関係して子供を妊娠した場合は、石打ちの刑にされるのです。夫ヨセフは、正しい人であったので、マリアを守ろうとして、ひそかに縁を切ろうと決心します。す

ると主の天使が現れて " 恐れず妻マリアを迎え入れなさい " とキリスト
の受胎を伝えたのです (新約聖書のマタイによる福音書 1 章 20 節)。
また同じように、天使がキリストの受胎をマリアに、" あなたは身ごもっ
て男の子を産むが。その子をイエスと名付けなさい "(ルカによる福音
書 1 章 31 節) と伝えています。

　新約聖書のマタイによる福音書には、" そこで、悪魔は離れ去った。
すると、天使たちが来てイエスに仕えた "(マタイ 4 章 11 節) とあるよ
うに、悪魔、サタンと関係をきっぱりと分けて活動する天使たちは、イ
エスが悪魔、サタンの試練に打ち勝つと、イエスの下に皆来て仕えたと
いうのです。このようにイエスと天使とが親しいことを多く伝えていま
す。天使たちは、またイエスの弟子たちや人間たちをも助けています。
ペテロが牢で二本の鎖で繋がれていました。" すると、主の天使がそば
に立ち、光が牢の中を照らした。天使はペテロの脇腹をつついて起こし、
" 急いで起き上がりなさい " といった。すると、鎖が彼の手から外れ落
ちた。... ペテロは外に出てついて行ったが、天使のしていることが現実
とは思われなかった。"(使徒行伝 12 章 7 － 9 節)。ヘブライ人への手
紙では、すでに述べたように、天使は、奉仕する霊であって、救いを受
け継ぐことになっている人々に仕えるために、遣わされて、人間を守る
のですと述べています (ヘブル書 1 章 14 節) が、マタイ 18 章 10 節も
それと同意義を述べています。また、天使は聖徒たちの祈りを神に取り
次ぐのです (黙示録 5 章 8 節。8 章 3 節)。更に金持ちとラザロの話の
中にあるように、" 天使たちによって宴席にいるアブラハムのすぐそば
に連れていかれた "(ルカによる福音書 16 章 22 節) というように義人
の魂を楽園に導くのも天使です。

　黙示録には、ヨハネに天使が預言を語ります。それで、ヨハネは、こ
のことを示してくれた天使の足もとにひれ伏して、拝もうとしました。

すると天使は、"やめよ"と言って、自分が使える者であると言いました。つまり、天使自身は"僕"であると証言しました(黙示録22章9節)。更に天使は神を賛美し頌栄をささげる者としています。"玉座と生き物と長老たちとの周りに、多くの天使の声を聞いた"(ヨハネの黙示録5章11節)。また、"天使たちは皆、玉座、長老たち、そして4つの生き物を囲んで立っていたが、玉座の前にひれ伏し、神を礼拝して、こう言った。<アーメン、賛美、栄光、知恵、感謝、誉れ、力、威力が、世々限りなくわたしたちの神にありますように、アーメン>"(黙示録7章11－12節)。

このように、天使の使命は、神の使い、僕、仕える霊、神を賛美し頌栄を捧げる、などです。これら聖書のなかにある天使の使命は僕であり仕え奉仕することなのです。そのことから、<神の子たち>は<人の娘たち>の美しいのを見て、自分の好む者を妻にめとった、などという天使の行動はとても考えることのできない天使の犯罪なのです。

さて、重要なポイントは、天使と人間との本来の関係は何であるのか?です。創世記1章の天地創造の記述において、まず、"神(エロヒーム)は自分のかたちに人を創造された。すなわち、神(エロヒーム)のかたちに創造し、男と女とに創造された"(創世記1章27節)と、言われたことは、人間は神のイメージとして子供として創造されたということです。更に"神(エロヒーム)は彼らを祝福して言われた、「(生育せよ)生めよ、ふえよ、地に満ちよ、地を従わせよ。また海の魚と、空の鳥と、地に動くすべての生き物とを治めよ」"(創世記1章28節)、と言われ、三大祝福を与えられたことです。その三番目の祝福こそが、<すべての万物を治めよ>といわれたことです。このすべての万物の中に天使も入っているのです。

　このように、人間は神の子女として創造され、この被造世界の万物万象 (天使も含む) に対する主管する権利、主管権を与えられたのです。人間は天使さえも主管し治めるように創造されているのです。新約聖書のコリントの信徒への手紙一には、" あなた方は知らないのですか聖なる者たちが世を裁くのです。世があなたたちによって裁かれるはずなのに、あなたがたにはささいな事件すら裁く力がないのですか。＜わたしたちが天使たちさえ裁く者だということを、知らないのですか＞ "(コリントの信徒への手紙一。6 章 2 － 3 節)。

　だから、重要なことは、天使の中に堕落した悪の天使がいて、それがサタン、悪魔となったならば、それら堕落天使を審判するためには、天使がサタンとなった罪状とその正体をよく知って、神のみ前にサタンを訴えるようにならなければならないのです。それは、万物の主管主としての人間の＜責任＞なのです。歴史を通してサタンや悪魔が大手を振ってやりたい放題してきたのは、それを主管する責任のある人間が無知と無力であったからです。人間は、神の霊の下の自由意志による責任として、神のみ言葉を探しだして、サタン、悪魔を自然屈服させることが必須条件です。実は、神の復帰の摂理歴史を通しての史実について、わたしたちが詳細に調べてみると、そこに神は何度の何度も人間に試練を与えて、サタンに勝利できるように訓練していることがわかります。

　問題の本質は何であるかといえば、人間が堕落した天使であるサタン、悪魔との関係性を完全に切って、サタンの罪状とその正体を知って、神に訴えることがいままで誰一人できなかったことなのです。それで、神はまるでレスリングや相撲の選手を鍛えるように、何度も力をつける訓練を重ねてきたのです。

　有名な話があります。ある武将が我が子がひ弱なので何とか鍛え上げようとします。小さな小川のような溝を飛び越えるよう、ひ弱な息子に命令します。息子は、こわごわその深い溝をジャンプして向こう側に飛

びます。母親が心配して、そんな危険なことはさせないでほしいと哀願します。しかし母親の願いもむなしく息子は飛び損ねて水の中に落ちました。驚いたことには、それでもこの息子は無事だったのです。というのは、父親は前もってこの小川の様な溝の底にびっしりと網を張っていたからです。

　これは、神の人間に対する配慮によく似ています。旧約聖書、新約聖書に現れる、中心人物の生涯を詳しく調べてみると、人間が万物の主管主として天使やサタンを主管できるようにならせようと、神が非常な苦心をされていることがよくわかります。そもそも、なぜにアダムとエバは禁断の木の実を取って食べるなという神の戒めを守られず堕落したのかは、アダムとエバが不信仰であり不真面目であり、真剣ではなかったからです。取って食べるなという神のみ言葉を、命を懸けて守ることができなかったからです。しかし神の摂理歴史の中でこの神の試練に打ち勝って、人類歴史上はじめて天使に打ち勝ち主管した人物が３人います。それは、ヤコブとモーセとイエスです。しかし、ヤコブを試練したとき、神はちょうどあの武将が小川に網を張って我が子を守ろうとしたようだったのです。つまり神はヤコブを試練したのは直接的に悪魔、サタンを送ったのではなかったということです。天使を悪魔、サタンの代わりにヤコブに送って試練されたのです。もし、ヤコブがサタンから直接に試練を受けて敗北した場合は、サタンが地獄へ引いていくのです。

　イエスの場合は、40日断食の末に現れたのはサタンでした。創世記32章を読むとヤコブの話が載っています。ヤコブはヤボク河で神が遣わした天使と夜を徹して戦ったのです。神は徹底してヤコブを押し込めたのです。天使とのレスリングであり相撲をとったのです。ヤコブは決してあきらめず、たとえ死に至っても闘う決意でした。ヤコブが負けそうになったこともありました。しかしヤコブは天使を打ち負かすために死に物狂いで闘ったのです。夜明け前、天使は死に物狂いでヤコブの太

腿の骨を折ったのです。それでもヤコブは勝利を決してあきらめなかったのです。そしてついにヤコブは天使に勝利したのです。それで天使はヤコブに＜イスラエル＞という名称を与えたのです。これがイスラエル民族の出発です。

　重要なことは、このように天使が主体的に試練を与えていき、人間がそれに勝利していけば、天使の世界にも救いと復帰がなされて秩序がもたらされるのです。だから天使の堕落と天使世界や地上の世界の混沌というものの原因は、まさしく本来の主管権を持っている人間がだらしなく、無力であり、人間の責任を果たしていないことがよくわかるでしょう。

　さて、読者のなかには最初、話題にした＜神の子たち＞は＜人の娘たち＞の美しいのを見て、自分の好む者を妻にめとった、という物語を知って、ふと、人類始祖アダムとエバを誘惑した蛇の話との類似性を思い浮かべた人もいることでしょう。そうです。この誘惑者であるヘビの正体を解明していくことが、神の＜千秋万代＞にわたる苦悩の理由を説く重要なカギになるのです。実は禁断の木の実とは単なるリンゴやバナナやブドウなどの果物ではないのです。神はアダムとエバに明確に善悪知るの木の実を食べれば＜死ぬ＞と言われたのです。当然、アダムとエバは食べれば死ぬということがわかっていたのです。しかし、よくわかっていたにもかかわらず取って食べたのです。このことは、何か死をも問題にしない何かの行動なのです。

　それは、＜愛＞の問題なのです。＜神の子たち＞は＜人の娘たち＞の美しいのを見て、自分の好む者を妻にめとった、という物語も天使と人間がお互いに愛し合ったということです。だから蛇とエバとの間にも何らかの愛、不倫の愛があったのです。新約聖書のユダの手紙を読むと、決定的なことが記されています。"また、主は、自分の領域を守らず、自分のおるべき所を捨てた御使いたちを、大いなる日のさばきのために、

永遠の束縛をもって、暗やみの下に閉じ込められました。また、ソドム、ゴモラおよび周囲の町々も彼らと同じように、好色にふけり、不自然な肉欲を追い求めたので、永遠の火の刑罰を受けて、みせしめにされています"(ユダ書6－7節) と、記されています。

　これは天使の一部のものが淫行に陥ったことを示しています。そして決定的な証言は、黙示録12章9節に"この巨大な龍、年を経た蛇、悪魔とかサタンとか呼ばれるもの、全人類を惑わす者は、投げ落とされた。地上に投げ落とされたのである。その使いたちも、もろともに投げ落とされた"と。この中の、年を経た古い蛇とは、エデンの園においてエバを誘惑して堕落させたその蛇であることは申すまでもありません。更にペテロの手紙二、2章4節には、"神は、罪を犯した天使たちを容赦せず、暗闇という縄で縛って地獄に引き渡した、裁きのために閉じ込められました"と、あります。

　このことは、エデンの園において人間始祖のエバそしてアダムを誘惑して罪を犯させたのは、まさしく天使であり、それこそが蛇の正体であることを示しているのです。さて、問題は天使と人間が淫行関係を結んだことによって人間はどうなったかということです。まず、天使、天使長がエバを誘惑して禁断の木の実を取って食べさせます。これは天使がエバを強姦のような形で不倫の愛を結んだということです。この時、エバはたとえ強姦の様な愛の形であっても、天使との愛によって堕落天使の悪の要素をそのまま受け取ったのです。この堕落した要素が、実は歴史を通して現代まで受け継がれているのです。

　このあたりのことを初期キリスト教を代表するアレクサンドリアのクレメンスやガリアのエイレナイオスなども鋭い直感で論じています。彼らはもちろん天使との姦淫には言及していないのですが、アダムとエバは性急な未成年で青春期の男女のように、神の祝福を受ける前にセック

スによる合一へと急いでしまった、と言っています。この偉大な二人の
古代神学者はしかし、まず、天使によってエバが堕落したとは明確に言っ
ていないのです。しかし明らかにエバは天使によって強姦のような形で
愛を結んだのです。取って食べたのです。そしてエバは自分が神から遠
くなったことを悟ります。それで、神のもとに戻りたいという動機で今
度はアダムを誘惑してアダムにも取って食べさせたのです。強引に強姦
のような形でアダムに迫って罪を犯したのです。だから人類始祖アダム
とエバは本来、内的に成長して神の祝福を受けて神の永遠の愛で結ばれ
て子女を繁殖するべきでしたが、実際は神の敵、恩讐の堕落天使の恐ろ
しい不倫の愛によって夫婦愛が始まったのです。これが原罪なのです。

　ヨハネによる福音書 8 章 44 節によると、" あなた方は自分の父、す
なわち悪魔から出てきた者であって、その父の欲望どおりを行おうと
思っている " とありますが、それは本来は神のイメージとして息子娘と
して創造された人間が、取って食べて、結局、蛇であり悪魔でありサタ
ンである堕落天使の子孫となったということです。愛の関係を結べば所
有権が決定されるのです。例えば、マフィアの男が、ある高貴な家庭の
娘を強引に誘惑して肉体関係を結んだとします。このマフィアのボスが
高貴な家庭の娘の親に、" この娘は自分のものだ！ " と言ったら、どう
でしょうか？娘の親は涙を呑んで受け入れなくてはならないのです。た
とえ不倫の強姦の様な愛であっても、愛は所有権を決めてしまうのです
から、娘をマフィアに渡すしかないのです。また、高貴な娘の嫁入りの
ために準備した家具やすべての嫁入り道具も奪われてしまうのです。こ
れが、人類始祖に起こったのです。

　ですから、人間だけではなく森羅万象すべてが悪魔、サタンの支配下
にはいってしまったのです。神が＜千秋万代＞にわたる苦悩に陥った原
因がわかるはずです。単なる果物を食べたのではないのです。アダムと

エバは強姦者、強盗の様な悪魔、サタンによって尋常ではない淫乱不倫の愛と神の血統ではない悪魔の血統を受け継ぎました。人間は生まれるとすぐ、80パーセント以上の感情を悪魔に向けるようになりました。歴史を通して無知なわたしたち人間は、ヒューマニズムだ人権だと主張してきましたが、実は神の宿敵の子孫として、その神の敵の血統を受け継いできて、サタンと親子のような関係を保ってきたのです。もちろん人間は堕落して原罪を持ったのですが、人間はもともとは神によって創造された子供であるはずです。それで、人間は内面においては激しい葛藤があるのです。神の本心、良心の志向する心と悪魔、サタンの方向に向かう邪心が戦う戦争状態の最前線に立っているのです。だからそれがわかるパウロの様な信仰者は絶望の中から、"わたしは、内なる人としては神の律法を喜んでいるが、わたしの肢体には別の律法があって、わたしの心の法則に対して戦いを挑み、そして肢体に存在する罪の法則の中に、わたしをとりこにしているのを見る。わたしは、なんというみじめな人間なのだろう"(ローマ人への手紙7章22－24節)と嘆き悲しんだのです。パウロのみならずわたしたち堕落人間は、自らが堕落して原罪を持ったものであるという深い自覚が必要です。このまま罪の根を持ったままでは必ず地獄へ行くのです。自らを処罰するような歩みをして悪の根を除去しなければなりません。だから高度な宗教は自己否定から自己が無になる修行をしてきました。

　パウロは、またガラテヤ書にこう述べています。"わたしは、神に生きるために、律法によって律法に死んだ。わたしはキリストと共に十字架につけられた。生きているのは、もはや、わたしではない。キリストが、わたしのうちに生きておられるのである。しかし、わたしがいま肉にあって生きているのは、わたしを愛し、わたしのためにご自身をささげられた神の御子を信じる信仰によって、生きているのである。わたしは、神の恵みを無にはしない。もし、義が律法によって得られるとすれ

ば、キリストの死はむだであったことになる "

(ガラテヤの信徒への手紙 2 章 19 － 21 節)。

" 信仰の父 " アブラハム：分別と契約

　アブラハムの生涯は " 信仰 " の歩みでした。まず、主なる神の命令が突然、降ります。" あなたは生まれ故郷、父の家を離れて、わたしが示す地に行きなさい "(創世記 12 章 1 節)。アブラハムは、ただ神の言葉に従って、ハランを出発したのです。詳しい行先も知らず、ただ神を信じたのです。実はアブラハムの父テラは、偶像商人でした。偶像とは神の敵でもある悪魔、サタンの象徴です。つまり神は、悪魔、サタンの愛する偶像商人の息子アブラハムを奪ってきたのです。そこには神の深い願いがあるはずです。アブラハムが育った中東のみならず、アジアも南米もアフリカもヨーロッパも、世界の歴史はまさしく＜偶像崇拝＞の歴史で、そのことは古代も現代も変わらないのです。神はアブラハムやモーセを召命して、徹底して偶像破壊を推し進め、本当の神を教えようとされました。聖書正典には入っていませんが、紀元前 2 世紀代の『ヨベル書』は、唯一神を知ることの大切さを語り、『アブラハムの黙示録』では偶像崇拝との対決、さらに『創世記ラッバ』などの伝承には、アブラハムが父テラの偶像崇拝をことごとく批判、破壊する物語が語られています。

　わたしはこれまで神エロヒームと神ヤハウェについて語ってきましたが、本当は神には名前がないのです。このことはモーセの路程になるともっと明確にされますが、偶像の本質こそが " 名前を持っている " ということなのです。実はイスラエル民族も、昔からパレスチナや中東の環境の影響を受けて来たので、その地の偶像崇拝の考え方に慣れ親しんできてしまいました。だから偶像だけではなく本当の神にも名前を要求し

ました。そこで神は、アブラハムからモーセの時代に至ると偶像ではない真実の神を教えようとされます。そのことを神が直接に関与されたのが、モーセのミディアン荒野の出来事と十戒です。すでに以前述べたことがありますが、神はミディアンの荒野の燃える柴の中から、" わたしはある。わたしはあるという者だ "(出エジプト記 3 章 14 節) と言われました。つまり神は＜名無し＞だといわれたのです。神はシナイ山でモーセに十戒を記録した二つの石板を与えます。この十戒こそは、その後のユダヤ教の基礎のみならず世界の宗教や文化に大きな影響を与えたものです。

　この十戒の第一は、主が唯一の神であるということで、＜わたしをおいてほかに神があってはならない＞と言われます。そして第二は偶像の禁止です。如何なる像も造ってはならないと言い、それに向かってひれ伏したり、それに仕えたりしてはならない、と諫め (いさめ) ます (出エジプト記 20 章)。例えば神をエロヒームとかヤハウェと呼ぶのですが、厳密に言えば十戒では、このように呼ぶことも＜みだりに＞口にしてはいけないといわれます。だから敬虔なユダヤ教徒たちは今に至るまで、ヤハウェと呼ぶ事も控えて、アドナイとかシュムとかを控えめに使うぐらいです。英語では God ですが、敬虔なユダヤ教徒は、＜ o ＞を取って G'd と記すのです。もちろん神に対して祈祷するのですが、神を偶像のようには決して扱わないのです。

　何故、偶像崇拝がそれほど問題なのでしょうか？実は偶像は土や金属や木で作ったものばかりではないのです。偶像は英語では idol ですが、別の意味は、芸能界のアイドルやスポーツ界のアイドルなどの敬愛される人物という意味でもあります。だから指導者やグループや国家や資本主義社会のなかの需要、供給などにも現代的な偶像を見つけることができます。人間は、自分の熱中するものや価値を置くものを偶像とするのです。偶像を崇拝するとは、まるで自己を崇拝しているようなものなの

です。

　例えば、最近の世界大戦時のこと思い浮かべてください。人々は自己を卑下したり過大評価したりして、ナチズムや各種のナショナリズムや全体主義国家などの現代の偶像を作り出したのです。古代においても、アステカ、マヤ、インカ文明やで生け贄 (にえ) などの犠牲が行われました。現代でも、ナショナリズムの偶像にも、多くの兵士の生け贄 (にえ) のような捧げものがあるのです。偶像崇拝は人々に全面的服従を要求するのです。だから人々は本当の自由を失い、偶像に依存的となり、自立できず内的に成長しようとしなくなるのです。なぜならば、偶像と人間とは人格的な関係を持ちえないからです。偶像崇拝が徹底的に否定されて初めて真実の神と出会い、また真実の神を礼拝するようになるのです．

　更にノアの時代の後期から、アブラハムの時代に始まる特異な内容こそが＜契約＞です。神とアダムとエバとの関係性には、往々にして神への一方的な＜服従＞への要求が顕著にみられます。例えば、善悪知るの木の実を取って食べてはならない、というようにです。しかし、ノアの洪水が終わると神は＜契約＞を立てられるのです。二度と洪水を起こさないという＜契約＞を立てられる徴 (しるし) こそが、雲の中に現れた＜虹＞です (創世記 9 章 9 － 17 節)。

　またアブラハムの時代になると、更に祝福と約束と契約が明示されるのです。神と人間との人格的関係性の上に、はじめて＜契約＞というものがなされるのです。もし神を偶像的に見ていたとすれば、絶対に神と人間は、人格的交流ができないのです。＜契約＞は、神と人間との関係性に画期的な変革をもたらしました。全知全能で絶対的な神ご自身も、この憲法か法律のような＜契約＞に縛られるのです。以前わたしは、＜善悪知るの木の実＞をとって食べない、という戒めを与えられたということは、この被造世界や人間に＜秩序＞が与えられたということを意味すると言いました。この秩序は宇宙を貫く原則であり、これは神ご自身

も勝手に扱えない、自由にできないということを意味します。

　こう考えていくと＜契約＞を与えられたということは、さらに厳しい秩序が人間のみならず神にももたらしたということなのです。そもそも、神ご自身が天地万象と人間を創造されたということ自体が、神の＜自己制約＞を決断されたということなのです。早く言えば、神は自分のイメージとして子供としての人間に、この地上天上万象の支配を任せたかったのです。その本来の神の望みがアダムの堕落によってかなえられなくなり、人間は堕落人間となってしまったので、やむなく神が全面的に責任を負われました。人間の果たすべき責任も神が負うような時代が長く、続いたのです (もっと詳しく言えば、アダムからアブラハムの時代に至る期間は、次の旧約時代において預言者たちを召命して、神自ら預言者たちと責任を取ると考えておられたのです。いわば、人間堕落のショックと混沌を終息できないような、神が人間と真摯に対峙できない時期でした)。アブラハムの時代となり、ようやく、神が対等に人間と対する時代がやってきたのです。つまり、早く言えば封建的な絶対主権の神の世界から、民主主義とはいかないにしても、神は立憲君主となります。アダムの時代やノアの時代とは全く異なる時代に入ります。だからアブラハムは、神に対しても多くの質問や異議などを自由に主張するのです。しかしこのことはアブラハムが自立した独立した人物として、自らの頭で自らの責任を徹底して反省し考えることを要求されるのです。

　まずアブラハムも献祭、供え物をしなければなりません。これはちょうどノアが真心を込めて箱舟を建造したように、真心を込めて三歳の雌牛と三歳の雌山羊と三歳の雄鳩と鳩の雛を捧げものとすることを要求されました。これは一見すると実に簡単な供え物に見えます。ノアの箱舟は巨大なものでした。しかし禁断の木の実も箱舟と比べるとスケールとしては小さいように思いがちです。しかしこの木の実に象徴されるもの

が、まさしく、神と人間の運命を決するものでした。このアブラハムの献祭も箱舟と比べればはるかに小さいものでしたが、神の立場からは実に重大な内容を含んでいたのです。ノアの時も、ノアを中心としてノアの妻や息子たちが箱舟建造について、神の意向を知るために徹底して祈り誠意を尽くさなければならなかったように、アブラハムも真摯で深刻でなければならなかったのです。

　人類始祖のアダムとエバは、＜禁断の木の実＞の命令を軽んじ不信仰して大きな罪を犯しました。アブラハムは先祖たちの失敗を肝に銘じ、この謎のような三種類の動物や鳥の献祭の意味を、神に祈り、自らの頭で徹底して考えなければならなかったのです。北森嘉蔵氏はその著『聖書の読み方』のなかで、旧約聖書と新約聖書との間の関係を述べています。それを解決するカギが、ルカによる福音書 24 章 44 節にあるというのです。それは、" イエスは言われた、＜わたしについてモーセの律法と預言者の書と詩編に書いてある事柄は、必ずすべて実現する＞ " という言葉です。つまり、旧約聖書全部はイエス・キリストについて記している、ということだというのです。そのわかりやすい比喩が、紙幣の透かし模様であるという。偽札でないかぎり紙幣には透かし模様が入っています。旧約聖書には、新約聖書のメッセージとしてイエス・キリストが透かし模様のように入っているというのです。そういえば、この謎のような三種類の家畜と鳥の献祭を、一つ一つ吟味してみるとすべて来るべきメシヤとしてのイエス・キリストを暗示し示しているのです。この三種類の供え物はちょうどノアの箱舟が、一階と二階と三階として建造され、それが宇宙 (霊界を含めて天宙) を象徴していたようなものでした。
　イエスは、ガリラヤからヨルダン川へ来られました。そこの川岸では、洗礼ヨハネが洗礼を授けていました。イエスがヨハネから洗礼を受けようとすると、洗礼ヨハネは、イエスこそが自分に洗礼を与える方なのに、

と言います。しかしイエスは、なおもヨハネに自分に洗礼を授けるように言います。イエスは洗礼を受けられると水の中から上がられます。その時、天がイエスに向かって開き、神の霊が＜鳩＞のようにご自分の上に降ってくるのを御覧になった、(マタイによる福音書3章13－16節) と記されています。イエスは＜鳩＞に象徴される旧約の摂理の完成者であり、天宙の第一階を完成させることを表しているのです。

　次にイエスは＜羊＞で表示されます。イスラエル民族がモーセに率いられてエジプトを脱出する時、雄の子羊または山羊を家族ごとに食べ、＜子羊＞の血を、家の入口の二本の柱とカモイに塗りました。その夜、肉を焼き、酵母を入れないパンなど急いで食べました。エジプト軍に追われているイスラエル民族は、パンに酵母を混ぜて膨らむのを待つだけの余裕がなかったのです。これが＜主の過ぎ越し＞です。夜、神である主は、エジプト中の初子をことごとく打つのです。それからエジプトの (異教の偶像の) 神々を裁きます。神が裁きのために各家を訪れる時、＜子羊＞の血が塗られた家を見たなら、＜過ぎ越す＞のです (出エジプト記12章)。これがその後、過越祭 (除酵祭) として祝われます。このことは新約における＜子羊＞、イエスを表示しているのです。また、洗礼ヨハネは、自分の方へイエスが来られるのを見て言いました。" 見よ、世の罪を取り除く神の＜子羊＞だ "(ヨハネによる福音書1章29節) と。

　鳩は宇宙、天宙の第一階のことで神の摂理においては旧約時代のことでした。羊は第二階のことで新約時代を表します。実はこの三段階を象徴するアブラハムの鳩と羊と雌牛を真っ二つに切り裂いて、それぞれを互いに向かい合わせて置くという捧げもの、献祭だったのですが、この献祭は失敗しました。羊と雌牛は真っ二つに切り裂いたのですが、鳩を真っ二つに切り裂いて捧げることを怠ったのです。鳩は第一階を表す土台ですので、この三種類の供え物はすべて失敗となりました。

　それは " よく覚えておくがよい。あなたの子孫は異邦の国（エジプト）で寄留者となり、＜ 400 年＞の間、奴隷として仕え、苦しめられるであろう "（創世記 15 章 13 節）と言う結果となります。つまり、イスラエル民族の長い 400 年間のエジプト苦役の歩みは、先祖であるアブラハムが、献祭で＜鳩＞を裂かずに捧げたことによるのです。アブラハムから 2,000 年たってイエスがメシヤとして降臨されます。イエスはアブラハムの失敗をやり直す目的も持っておられたのです。それで新約聖書には＜鳩＞と＜羊＞がイエスの歩みには出てくるのです。

　それでは、＜雌牛＞とは何を意味するのでしょうか？実に興味深いことですが、永遠なる神は、人間を復帰する全摂理歴史を、遠い昔のアダムやノアやアブラハムの時代にすでに預言し予定されているのです。しかし断っておかなければならないことは、神の摂理歴史は決して神のみが運行されるのではなく、そこに人間の責任が加担するのです。人間は堕落していますから、その行動は神でも完全に把握できません。しかし神は今後将来どのような摂理を展開されるかを余示されるのです。例えば、ノアの箱舟です。洪水の審判 40 日期間は、天地創造の混沌期間でした。洪水が終わってノアの家族が陸地に降り立ってからの行事は、神の全歴史をシンボリックにあらわされたものなのです。創世記 8 章 8 － 12 節にそのことが記されています。洪水終了後、箱舟からカラスを放ったことの意味は、人間創造直後に天使長がエバを誘惑しようとしたこと、カインとアベルの献祭の時においても、サタンが侵入の機会を狙っていた。それと同じように洪水審判後、ノアの家庭に何か条件がないかとサタンが狙っていたことをカラスで表示されたのです。

　そしてノアは鳩を三度箱舟から放ったとありますが、鳩はすでに述べたように、イエス・キリストを象徴するものですから、この意味は何の

予示かを推測できるでしょう。第一回目の鳩を放ったところ、まだ陸地の水が引いていなかったので、足の裏をとどめるところがなく箱舟に戻ってきたのです。初めのこの鳩はアダムを表しているのです。これは、神が創造の理想をアダムに託したのですが、アダムが堕落することによって、やむなく神はその創造の理想をいったん地上から取り去られたということを意味しているのです。第二回目の鳩も地上に水が残っていて、留まることはできませんでした。しかし、この鳩はオリーブの若葉を口にくわえて箱舟に戻ってきたのです。第二の鳩は、第二のアダムであるイエスを象徴しているのです。この予言は二つの意味を持っています。もし、地上の水がすでに引いて、乾いた地には木の実などがなる木々が現れていたら、鳩は地上にとどまって箱舟には戻ってこないはずです。

　ところが、その時点ではまだ水が完全には引いていなかったので、鳩はオリーブの若葉だけを携えて箱舟に帰ってきたのです。これは将来の重大な内容を神はすでに教えてくださっているのです。それは、メシヤを迎えるユダヤ選民が、来られるメシヤとしてのイエスをよく信じ、よく従えば、イエスは途中で十字架につけられることなく、地上天国を実現するはずだということです。しかし、万一ユダヤ選民がイエスを不信仰して、従順に従わない場合は、イエスは願わざる十字架につけられていく、そして、再臨せざるを得なくなることを予示しているのです。それから、第三番目の鳩が放たれます。この鳩はすでに地上は水が引いて乾いていたので、箱舟には帰ってこなかったのです。この三番目の鳩は第三のアダムとして降臨される再臨主を表しているのです。イエスが再臨されるときは必ず、神の理想が地上に実現されることを示しているのです。ノアの箱舟から鳩を飛ばすという一見すると何でもないような行動、また小さな鳩のパフォーマンスですが、私たちは、鳩にメシヤ、キリストの降臨を夢見られ希望を託される、神の深い胸の内を思わなけ

ればなりません。この小さな行事を行わせながら、ぜひとも、人間がその責任を果たしてほしいという神の涙の願いがあることを知る必要があります。

　さてアブラハムの三種類の家畜、鳥の献祭に戻ります。雌牛とは、ノアの箱舟における第三階にあたり、またノアが箱舟から放った第三の鳩に相当します。第一階を旧約時代、アダムの時代とすれば第二階は新約時代、イエスの時代であり、第三階は成約時代、再臨主の時代を意味するのです。雌牛は妻を表します。士師記 14 章 1 1 － 1 8 節にはサムソンの話が載っています。

　" サムソンを見て、人々は三十人の客を連れて来てサムソンと同席させた。

　サムソンは彼らに言った。「あなたたちになぞをかけたい。宴会の続く七日の間にその意味を解き明かし、言い当てるなら、わたしは麻の衣三十着、着替えの衣三十着を差し上げる。

　もし解き明かせなかったなら、あなたたちが麻の衣三十着と、着替えの衣三十着を差し出すことにしよう。」彼らは、「なぞをかけてもらおう。聞こうではないか」と応じた。

　サムソンは言った。「食べる者から食べ物が出た。強いものから甘いものが出た。」彼らは三日たっても、このなぞが解けなかった。

　七日目になって、彼らはサムソンの妻に言った。「夫をうまく言いくるめて、あのなぞの意味を我々に明かすようにしてほしい。さもないと、火を放ってあなたを家族もろとも焼き殺してやる。まさか、我々からはぎ取るために招待したわけではないだろう。」　　サムソンの妻は、夫に泣きすがって言った。「あなたはただわたしを嫌うだけで、少しも愛してくださらず、わたしの同族の者にかけたなぞの意味を、このわたしにも明かそうとなさいません。」彼は答えた。「父にも母にも明かしてい

ないのに、お前に明かすわけがないだろう。」

　宴会が行われた七日間、彼女は夫に泣きすがった。彼女がしつこくせがんだので、七日目に彼は彼女に明かしてしまった。彼女は同族の者にそのなぞを明かした。

七日目のこと、日が沈む前に町の人々は彼に言った。

「蜂蜜より甘いものは何か／獅子より強いものは何か。」するとサムソンは言った。「わたしの雌牛で耕さなかったなら／わたしのなぞは解けなかっただろう。」"。

　このサムソンの物語は、サムソンがペリシテ人達に＜謎かけ＞をしたとき、難しい問題であったので、ペリシテ人たちはサムソンの妻を誘って、サムソンをだまさせて、うまくその謎を解き明かしたことがありました。そこでサムソンは「わたしの雌牛で耕さなかったなら／わたしのなぞは解けなかっただろう。」と言いました。これはサムソンが、妻を雌牛に譬えたことを示しているのです。第三アダムとして降臨される再臨主は＜子羊の婚姻＞を遂行されるのです。その婚姻の宴が終わると、今までは新婦の立場であったキリスト教信徒たちは、今度は新婦から妻になるのです。こうして再臨主であるイエスの前に妻となり天国に入るのです。

　さて次に重要な問題は、分別(種類によって分けること)ということです。わたしたち人間は確かに神によって、神のイメージとして子女として創造されたのですが悲しいことに堕落してしまいました。自分をしみじみと確認し自覚してみると自分こそが悪の根拠地であるとわかるのです。それを知ったパウロは、"義人はいない、一人もいない。悟りのある人はいない、神を求める人はいない"(ローマの信徒への手紙３章10－11節)と嘆き、また、

"私は、私のうち、すなわち、私の肉のうちに善が住んでいないのを知っています。私には善をしたいという願いがいつもあるのに、それを実行することがないからです。

私は、自分でしたいと思う善を行なわないで、かえって、したくない悪を行なっています。

もし私が自分でしたくないことをしているのであれば、それを行なっているのは、もはや私ではなくて、私のうちに住む罪です。

そういうわけで、私は、善をしたいと願っているのですが、その私に悪が宿っているという原理を見いだすのです。

すなわち、私は、内なる人としては、神の律法を喜んでいるのに、

私のからだの中には異なった律法があって、それが私の心の律法に対して戦いをいどみ、私を、からだの中にある罪の律法のとりこにしているのを見いだすのです。

私は、ほんとうにみじめな人間です。だれがこの死の、からだから、私を救い出してくれるのでしょうか。

私たちの主イエス・キリストのゆえに、ただ神に感謝します。ですから、この私は、心では神の律法に仕え、肉では罪の律法に仕えているのです "(ローマの信徒への手紙 7 章 1 8 － 2 5 節)。

シェークスピアの著作は、人間の様々な心理を見事に深く作品に叙述しています。しかし西洋最高のシェークスピアの文学作品も、パウロから大きく影響を受けて書いているのです。パウロの人間心理への洞察は天才的なもので、特にこのローマの信徒への手紙の 7 章は、正直に何の誤魔化しもテライもなく、人間堕落の実存を述べているのです。歴史を通して多くのクリスチャンは、イエスの十字架の贖罪によって完全に救済を受けた、とする立場を取りがちです。しかし、どれだけのクリスチャンが、神と一体化して祈祷も何も必要がないという人がいるでしょ

うか？つまり、イエスの十字架による贖罪によって原罪を完全に清算することができたか？ということです。もちろん十字架による贖罪による恩賜は大きなものだとは言え、原罪を除去して、完全に罪を犯そうとしても犯すことのできない本然の人間にまで救いあげて、天国実現までに至らせることはできなかったということです。

　パウロのローマの信徒への手紙7章を、誤って解釈するクリスチャン思想家も多いのです。彼らは、この箇所を、これは回心前のパウロ、すなわち、クリスチャンになっていない時期のパウロの状態であるというのです。アウグスチヌスは、中世のみならずキリスト教の歴史の中でもっとも有名な神学者です。アウグスチヌスによれば、若いころアウグスチヌスもこのローマの信徒への手紙7章の"罪の下にある者"というような表現からして、これは、クリスチャンになる前のパウロだ、と思ったらしいのです。ところが、アウグスチヌスが老境に近くなるにつれて、この箇所は、まぎれもなく、クリスチャンになった後のパウロの体験であるとわかるようになったというのです。6章を読むとパウロは＜罪からの解放された自分＞を説いています。しかし、この7章は＜罪の下にある自分＞を記しているのです。これは矛盾ではないでしょうか？いや！実は両方がパウロの真実を表しているのです。私たちは、若い青春時代は理想に燃えています。クリスチャンになって完全に救われたと信じようとします。しかし、年を重ねていき、深く信仰の内容を悟るにつれて、ますます激しい罪との戦いが始まるのです。自分がいかに罪深いかを理解するようになるのです。しかし、自分をそのように確認し、承認し、自覚することは決して無駄ではなく、逆に絶対に滅亡に至らないのです。それはさらに、善くなるし希望の発展圏に立つのです。

　これはキリスト教だけではありません。高度な宗教はそのことを教えているのです。中国、唐の時代の善導は、浄土教の大成者です。この人

も宿命的な宿業や罪業の絶望的極致に達して、" 自身は現にこれ罪悪生死の凡夫曠劫 (こうごう、きわめて長い年月) よりこのかた常にしずみ、常に流転して出離の縁あることなし "『散善義』と嘆きました。『散善義』(さんぜんぎ) は僧・善導の著作。エゴイズムの心にまとわりつかれ、迷いに埋没して生きるよりほかない、愚かな自分自身のありようを示しているのですが、その事実を「機の深信」(救われぬ身であることの自覚) することが重要であるというのです。

　善導は、日本の法然や親鸞に大きな影響を与えました。特に親鸞は、この善導の罪悪観に徹して、自分自身を＜愚禿＞ (「私の心は、外見では賢く振舞っているが、その中身は煩悩にまみれ、愚かである」) と呼んで、罪業深重。煩悩熾盛 (人間の欲望、煩悩が燃え盛る炎に譬えられた仏教特有の表現) の凡夫であると自らの真実の姿を告白して懺悔に生きたのです。親鸞の著作の中で最もよく知られているのが『歎異抄』です。歎異抄は、ちょうどプラトンが彼の師ソクラテスの哲学を論じたように、実際は弟子の唯円が書いたもののようです。この書の中で " 善人なをもて往生をとぐ、いわんや悪人をや " と述べて、実に妙な逆説が説かれています。この意味は、善なる人が救われるならば、ましてや悪なる人はもっと救いにあずかる、というのです。

　この考え方は、しかし、パウロやルターに通じる内容です。旧約の律法を行うことにもっぱら徹する人々は、ともすれば自力、自分の力に頼って救いを得ようとします。しかしその自力では救われない、というのが宗教改革の神髄でした。" 信仰のみ " です。親鸞の思想もこれによく似ているのです。つまり、善人は自分のなす善の行為に、より頼んでしまいがちである。それで善人は、自力には限界があるということを理解できない。それで弥陀他力の大願に乗じて、信仰によって救われて、絶望の極から完全に救われない。それに対して、悪人は悪業を離れられないという悲しみがあって、弥陀の大きな慈悲を聞いて、直下に自身の身も

129

心も応答して、他力をたのむようになり、往生、救いのきっかけを身に着けているというのです。仏教の罪悪観は、自分の罪深さの悲嘆にくれて、自分が成仏するための善行はできない、という宿業の根深さに絶望する、そこで弥陀の誓願、恩寵に感謝するのです。

　この＜弥陀の誓願＞とは何でしょうか？阿弥陀仏はもともとは法蔵比丘(ほうぞうびく)という人間で、国王でした。彼はあるとき、王位を捨てて出家をしました。この出家者の名が法蔵比丘です。彼は多くの仏たちの浄土を見学し、そして五劫という長い長い時間にわたって修行と思索したのち、願(請願)を立てました。仏となって、浄土を建立したい。そして、その浄土に、悩める衆生たちを救いたい。法蔵比丘はその誓願にもとづいて修行し、ついに仏となられた。その仏の名が阿弥陀仏で、その仏の浄土が極楽世界です。

　＜阿弥陀仏の誓願＞とは、悩める衆生が彼の名を呼べば、その浄土に往生できるようにしたい、というものです。彼の名は阿弥陀仏であるから、その名を呼ぶことは、南無阿弥陀仏と称えれば、必ず極楽浄土に往生できるのだという。

　ただ、仏教の大きな問題点は、神が不在なのです。パウロのように神への反逆や神の律法への罪を感じてはいないのです。

　さてパウロが嘆いていることは、
　"私は、内なる人としては、神の律法を喜んでいるのに、私のからだの中には異なった律法があって、それが私の心の律法に対して＜戦いをいどみ＞、私を、からだの中にある罪の律法のとりこにしているのを見いだすのです。この私は、心では神の律法に仕え、肉では罪の律法に仕えているのです"。このことは、心と身(体)が戦い紛争をしているということです。では何故、このような悲惨な人間となったのでしょうか？それは先祖の先祖の人類始祖アダムとエバにまで至るのです。もちろん

最初の先祖アダムとエバのもっと先祖は神なのですが、神のおおもとの心と身(体)は決して戦争や紛争をしていない、調和と一体なのです。唯一神です。この調和とか統一は愛を中心として成されるのです。愛ということで一つになるとそこに、<所有権>が決定されるのです。また夫婦が愛によって一体化した時、その渦巻の中に生命がつながり、血統を受け継いで、子供が生まれてくるのです。

　ところが、その動機となった夫と妻の愛の中に紛争や戦いの要素が含まれている場合は、その子供はその両親の心と血統を受け継いで、心と身(体)は紛争し闘うのです。このように子孫のすべてが心と身(体)の紛争をする状態が、連綿と続いて歴史を造ってきたのです。更に悲惨なことはこの内的紛争や戦争はいつ終わるかもしれず、永遠に存続していくのです。仏教などは人間の悲惨さの原因は<無明>つまり、根源的な無知というのですが、これでは根本的な解決につながりません。明らかに第一の先祖の<愛の方法の過ち>こそが悲惨な人間の原因なのです。天使長ルーシェルがエバを不倫の愛(神に反逆する強姦的な愛)で強制的に<取って食べよ>と誘惑してエバを堕落させました。

　これは霊の天使とエバの霊人体が不倫なる霊的な性関係を結んだということです。それがたとえ不倫の愛であっても、愛によって一つとなれば、お互いの要素を受けるのです。例えば、長く一緒に住んだ夫婦は、愛によって互いが似てくるのです。似たもの夫婦などとも言います。純粋無垢であったエバは、ルーシェル天使長の悪知恵や悪なる要素をそのまま受けたのです。まず、神の願いや目的に反してしまったという良心の呵責と恐怖心を受け、さらに、自分の本来の夫はアダムであったとわかったのです。そこで、神から離れてしまったエバは、本来の位置に戻りたいという気持ちから、強引にアダムに、<取って食べよ>と誘惑したのです。こうしてアダムとエバは不倫なる強制的愛で肉体で堕落した

のです。こうして、悪知恵や悪なる要素はアダムにも受け継がれ、この堕落して悪の性質は子孫に連綿として受け継がれて現在に至っているのです。本来は神の愛を中心といする永遠の愛によってアダムとエバが夫婦となって一体となって、出発すべき人類の始祖アダムとエバは、落ちた天使長ルーシェルの強姦的不倫の愛によって、つまり、神に敵対する愛によって出発してしまったのです。アダムとエバは悪魔、サタンによって強姦的な＜強制的愛＞によって愛したという動機があるので、われわれ子孫もそのような血統を受け継いだ結果、すべての人間は堕落人間として、心と身（体）はお互いに紛争し闘うのです。

　ここで重大な銘記しなければならないことは、われわれ人間は堕落したものである、という自覚を明確にすることです。アブラハムが歴史を決する重要な三種の献祭をするときに失敗したのは、そのような自覚がなかったのです。神が救いをなさろうとする時は、善悪が混沌とした状態のものを丸ごと救い上げるということはできないのです。なぜならば、悪の側の支配者である悪魔、サタンが文句をつけ、讒訴をするからです。だから神が救いをなさる場合は、善側と悪側とを分別、分立させて、悪を滅ぼし、善のみを立てようとされるのです。既に以前、詳しくアダムに対して神が何故直接に対することができずに、その息子カインとアベルから始められたのかは、アダムは善悪が混然とする母体だからです。だから、善の表示体としてのアベルと悪の表示体としてのカインとに明確に分別、分立したのです。だから、アブラハムは鳩を明確に二つに裂かなければならなかったのです。またノアは箱舟を作ったのち洪水審判によって善と悪の世界に厳しく分別、分立しました。アブラハムは、たとえ鳩が小さな鳥であっても、はっきりと確かに善と悪に分けるために、二つに裂く必要があったのです。そして、何よりも重要なことは、人間の堕落によって、悪魔、サタンの血統が人間だけではなく世界を覆ってしまいました。サタン、悪魔との血縁関係によって死亡の血が入ったの

です。それで、鳩を二つに裂くことによって象徴的に死亡の血を流して
聖別する立場に立たなければ、神が直接対応して摂理することができな
いのです。例えば、アブラハムは " あなたたちの男子はすべて、割礼を
受ける。包皮の部分を切り取りなさい "(創世記 17 章 10 － 11 節) と
いう命令を受けます。それが、モーセの律法のなかで公布されました。

　この割礼はイスラエル民族がヤハウエによって選ばれて、＜過ぎ越し
の祭り＞を祝うにおいては必須の条件とされました。＜過ぎ越し祭り＞
の規定が、出エジプト記 12 章 43 － 51 節に記されています。誰がど
のような条件で＜過ぎ越しの祭り＞に参加するのかということにおい
て、その条件、区別のしるしは「割礼」です。割礼は、神とアブラハム
の契約のしるしであり、イスラエルの共同体の一員となるしるしです。
過ぎ越し祭りは、神、主がイスラエルの民をエジプトから救い出した出
来事をお祝いすることです。またそれを子孫に伝えていくお祭りです。
　割礼の時に流される血は、後期のユダヤ教においては " 契約の血 " と
呼ばれたのです。この割礼の意義は何でしょうか？人間の始祖であるア
ダムとエバは、サタンと血縁関係を結ぶことによって、下半身のプライ
ベートゾーンを通じて死亡の血が入ったのです。それで、男子のペニス
の包皮を切って血を流すことによって、死亡の血を流したという条件を
立てるのです。だからアブラハムが鳩を裂かずに捧げたということは、
分別、分立できずまた聖別できず、悪魔、サタンのものをそのまま捧げ
たということで、サタンが所有権を宣言することになったのです。

アブラハムとサラの＜笑い＞とイサクの誕生

　アブラハムは＜信仰の父＞と呼ばれ、ユダヤ教やキリスト教やイスラム教は皆、アブラハムの宗教的伝統を受け継いでいると自称してきました。しかし旧約聖書の創世記に記されているアブラハムの生涯を調べてみると、その模範とされる＜信仰＞は単純に形成されたものではなく、幾多の試練を受け、失敗も成功も経験して、徐々に練り固められたものであることがわかります。アブラハムは当時は、アブラムでした。確かに、アブラムがハランの地で神の召命をうけて、偶像崇拝の父の家を振り捨てて、行く先も知らず、ただ神を信じて出発したことは驚くべき信仰です。しかし三種類の家畜と鳥の献祭において、鳩を二つに裂かずに献祭をする、という重大な失敗をしました。つまり神の摂理に呼応できなかったのです。その失敗の大きな要因の一つは、確かに神に対する縦的な信仰はあったにしても、それとともに多分に＜人間的＞要素があったのです。それから、何よりも自分が堕落した存在であるということの深い自覚がなかったのです。もし自覚があれば、このような自分が神の前に献祭をささげることすら、恐れ多いと深い悔い改めの態度で臨んだはずです。つまり、アブラハムは日常的な人間的な姿勢で、気のゆるみ、油断があったのです。

　ハランの地からアブラムが召命を受けて出発する時、妻サライと甥ロトなどを連れていきます。アブラハムは 75 歳でした。その時、ちょうどアダムとエバが子孫繁栄の祝福を受けたように、アブラムも何度となく＜祝福の源となる＞と神に告げられます。アブラムがカナンの地に到着し、シケムの聖所、モレの樫の木に来た時、神は " あなたの子孫にこの土地を与える "(創世記 12 章 7 節) ともいわれました。この神の子孫繁栄を与えるという神の祝福をアブラムは信じたのです。ところが妻サ

ライは不妊の女性でした。更に二人とも老人になってしまいました。ア
ブラムとサライは、自分たちに子供が授からないということに苦悶する
ようになります。いったい、神が子孫を与えて土地を継がせるという約
束はどうなったのだろう？と考え続けたに違いありません。それでも神
は幻の中でアブラムに語り掛けられます、" 恐れるな、アブラムよ。わ
たしはあなたの盾である。あなたの受ける報いは非常に大きいであろう
"(創世記 15 章 1 節) と。しかしアブラムは、現実には自分には子供が
ないことを神に不平を言って、アブラムの家の僕、ダマスコのエリエゼ
ルに跡を継がせるしかないのではないですか、と訴えます。

　ただ、このアブラムと神との会話を見る時、アダムやノアの時代とは
明白に異なる時代に入ったことがわかります。神が＜契約＞を与えるこ
とは、革命的な神観念の変化と神と人間との関係の変化が見られます。
アブラムは神と議論をしていることがわかるでしょう。さて、アブラム
が神に、自分の家の僕に、跡を継がせるしかないといった後、神はこう
答えます。" その者があなたの跡を継ぐのではなく、あなたから生まれ
るものが跡を継ぐ " と、そして神はアブラムを外へ連れ出して満天の星
を示して、子孫が星の数のように増えることを告げるのです。ここでア
ブラムは主なる神を信じたのです (創世記 15 章 5 － 6 節)。

　ところが、アブラムのその信仰にもかかわらず、妻サライはなかなか
子供ができないことに焦り苛立つようになります。そしてついにサライ
は、このような人間的な手段をアブラムに提案するようになります。つ
まり、子供ができないのならば、自分 (サライ) の所有する女奴隷と子
供を作ったらいかがなものですか、という究極の苦肉の策を考えだしま
す (創世記 16 章 1 － 2 節)。これは、もちろんエバが禁断の木の実を
食べてしまい、アダムにも食べることを誘惑した経緯とは異なるにして
も、神の判断にゆだねるのではなく、自分たちで勝手に決定したのです。
こうした時、以前、神が満天の星を示して、アブラムから子孫が生まれ

繁殖するという＜約束を信じた＞ことを肝に銘じて、そのことを思い出すべきアブラムでした。アブラムはサライの誘惑にも似た誘いに、軽率に人間的に乗ってしまったのです。神に深く尋ねることなく、サライの女奴隷エジプト人のハガルの居るテントに入ってしまったのです (創世記 16 章 3-4 節)。わたしたちは、このアブラムの軽率な判断を見る時、確かに＜信仰の父＞といわれるのですが、神を指向する善なる心とサタンを指向する悪なる心が、アブラムの中では＜混然＞となっていることがわかります。アブラムは自分が堕落の子孫の一人であり、堕落の血統を相続しているということを全く自覚していなかったように見えます。

　こうしてアブラムとサライは、神に祈り尋ねることもなく、自分たちの都合の良い人間的判断を行使してしまったのです。結局、アブラムはハガルと愛の関係を結んでしまったのです。こうして女奴隷ハガルは身ごもり、息子を産みます。これが、イシュマエルです。更に、アブラムが 99 歳になった時、主なる神が現れて、また契約を立てることを語り、名前をアブラムからアブラハムに変更するように言われます。そして多くの国民の父として子孫の繁栄を約束されます。この時多分アブラハムは内心、自分には直系の子供がいないのだから、子孫繁栄とはイシュマエルから始まる子孫だろうか？と思ったに違いありません。

　ここで、主なる神は、契約の徴 (あかし) として包皮の部分を切り取る＜割礼＞を命じるのです。この割礼は以前述べたようにサタンとの血縁関係を結んだ死亡の血を流すという意義があります。この行事の意味をアブラハムは深く神に祈って悟るべきでした。そして、神は妻サライの名前をサラと変更するようにと語ります。それから、神は思いもよらないことをアブラハムとサラに語るのです。" わたしは彼女 (サラ) を祝福し、彼女によってあなたに男の子を与えよう "(創世記 17 章 16 節)と、非常な高齢となったサラが息子を産むといわれたのです。この時、アブラハムはひれ伏したけれども、＜笑って＞ひそかに思った、つまり、

自分が 100 歳であり、妻サラは 90 歳で、子供を産めるはずがない、と (創世記 17 章 17 節)。この時のアブラハムの＜笑い＞はどんなに醜い表情の笑いだったでしょうか？これは紛れもない不信仰です。そして神に " 神よ冗談はやめてください、イシュマエルがいますので末永くよろしくお願いします "、というような表現を神にするのです。

　すると神は言われます、" いや、あなたの妻サラがあなたとの間に男の子を産む。その子をイサク (彼は笑う) と名づけなさい。わたしは彼と契約を立て、後の子孫のために永遠の契約とする。イシュマエルについての願いも聞き入れよう。必ず、わたしは彼を祝福し、大いに子供を増やし繁栄させる。彼は十二人の首長の父となろう。わたしは彼を大いなる国民とする。

　しかしわたしの契約は、来年の今ごろ、サラがあなたとの間に産むイサクと立てる "(創世記 17 章 19 － 21 節)。神はこう語り終えると、アブラハムを離れて昇って行かれた。イサクという意味は、" 彼は笑う "です。

　その後、今度はサラが＜ひそかに笑う＞事態になります。というのは、ある暑い真昼にアブラハムが天幕の入口に座っていました。すると、三人の神の使いがやってきたのです。アブラハムはそこから走り出て、地にひれ伏します。そして、おもてなしをします。妻サラや召使に子牛を料理させました。三人の天使たちが木陰で食事をしている間、アブラハムはそばで給仕をしていました。すると、三人はサラがどこにいるか尋ねます。そして天使の一人がこう語ります、" わたしは来年の今頃、必ずここにまた来ますが、そのころには、あなたの妻のサラに男の子が生まれているでしょう "(創世記 18 章 10 節) と。

　この神の使いの予言は、また驚きの内容です。アブラハムは超老人でありエバも老人で月のもの (月経) も遠い昔になくなっていたからです。実は、サラはこの話をすぐ後ろの天幕の入口で聞いていたのです。そこ

で、アブラハムの＜笑い＞よりもはるかに恐ろしい＜ひそかな笑い＞を
サラは行ったのです (創世記 18 章 12 節)。この笑いも、自分が年を取
り、アブラハムも超老人であるのに、神は何という冗談好きなお方だ、
と思ったのです。そこで神は即座にアブラハムに言います、" なぜサラ
は笑ったのか。なぜ年を取った自分に子供が生まれるはずがないと思っ
たのだ。主に不可能なことがあろうか。来年の今頃、わたしはここに戻っ
てくる。そのころ、サラには必ず男の子が生まれている "(創世記 18 章
13 － 14 節)。アブラハムとサラは、ここで全知全能の神と直接向き合っ
ているのです。また神は、アブラハムとサラの内面を見透かしておられ
ることがわかるでしょう。まずアブラハムの＜笑い＞の時、神よ冗談は
やめてください、イシュマエルがいますので末永くよろしくお願いしま
す、というような申し立てを神にしたとき、神は " いや、あなたの妻サ
ラがあなたとの間に男の子を産む " ときっぱりと返答されます。神が、
" いや " ！！と強烈にアブラハムの不信仰をいさめていることがわかり
ます。また、サラの＜ひそかな笑い＞の時は、その内心で思った笑いを
見透かして " サラはなぜ笑ったのか " といさめて、＜主に不可能なこと
があろうか＞と語って、全知全能の神に対する信仰を取り戻すことを厳
しく命じるのです。

　このように神自らが、アブラハムとサラに現れて語りいさめることに、
彼らはどれほど驚いたことでしょうか。それでサラは恐ろしくなって "
わたしは笑いませんでした " と、びびりながら否認します。すると神は、
" いや、あなたは確かに笑った " と答えられます (創世記 18 章 15 節)。
この場面は全知全能の神が人間に直接対面した時、このようになるとい
うことを明確に示しています。アブラハムやサラばかりではなく、わた
したち人間が神と直接に対面した時、わたしたちの心の内面の不純や不
信仰が白日の下にさらされるのです。また神の立場からすれば、信仰の
父とのちに称えられるアブラハムですら、このような内面の状態です、

ましてや他の堕落人間は一体どういうことになるのでしょうか?

　少し余談ですが、最近イギリス最古の創刊 (1785 年) を誇る＜タイムズ＞紙が、過去 1,000 年間においての最高の文芸の傑作作品は何か、という調査を行ったそうです。その結果、最高傑作として選ばれたのが、ダンテの『神曲』でした。これは、ダンテが見てきた人間の死後の世界を、詩として描いたものです。地獄篇、煉獄篇、天国篇の 3 部から成ります。ダンテは、古代詩人ウェルギリウスを案内役にした、地獄への旅を語ります。地獄を巡り、煉獄など 9 つの圏を通過して永遠の淑女ベアトリーチェに出会い、天国へと導かれます。そして愛の重要さを悟り、" 見神 " に至ります。" 見神 " とは神に相まみえることです。ダンテは中世末期、13 － 14 世紀の詩人ですから、ダンテの神曲には中世キリスト教の考え方が反映しています。その当時の人々は、地獄の責め苦の世界を恐れ、地獄を無事通過して、煉獄という悔い改めの世界を上り詰めて、ようやく天国に到着して、神に会うことができると信じていたのです。

　これは旧約時代のアブラハムやモーセの神との出会いとはやや異なる世界ですが、パウロはコリントの信徒の手紙のなかで " 顔と顔を合わせて (神を) 見る "(コリント一, 13 章 12 節) ということを述べています。これは、ダンテのいう天国編の＜見神＞のような人間の救いの究極の理想を示しています。トマス・アクィナスのいう幸福の最高の " 神の本質の直感 " のことです。旧約時代においてはアブラハムの前に、神は、三人の神の使いの形で現れています。また、モーセにはミディアン荒野で、燃える柴の中に現れて語り掛けられました。しかし、厳密には人間は神とは、直接にはとても対しえないのです。人間は地上生活において自らの霊人体を育成しなければなりません。人間は肉身とともに霊人体を持っています。霊人体とは霊感だけで知ることができ、天使などを主管でき、霊人体によって神と相まみえることができるのです。

いわゆる人間の死によって肉身を脱ぎ、その後、霊界に行って永世するのです。人間は地上に生きている間に"真理"を知り実践することによって、霊人体が成長し完成することができるのです。完成するとは神の愛を体得することです。これこそが、パウロのいう"顔と顔を合わせて(神を)見る"こと、またダンテのいう天国編の<見神>のような人間の救いの究極の理想を示し、またトマス・アクィナスのいう幸福の最高の"神の本質の直感"の状態です。

　ダンテは『神曲』において、地獄や煉獄や天国を叙述していますが、重要なその理由などは述べていません。実は天国や煉獄や地獄など、死後の世界へ霊人体が行くのは、神が定めるのではなく、霊人体自身が決定するのです。人間は善を重ねて、完成して、神の愛を完全に呼吸できるようになれるのですが、地上で犯罪行為をすれば、霊人体の悪化を招いて、神の愛を完全に呼吸できなくなるのです。このような霊人体は、完全な愛の神の前に立つことが苦痛となるのです。このような劣化した霊人体は、神の愛から遠い地獄を自ら選択するようになるのです。さて、アブラハムとサラの<笑い>にもかかわらず、神は二人を許されてか、ついに、イサクが誕生します(創世記21章1－3節)。その前に創世記18章に、興味深い話が載っています。ソドムとゴモラの滅亡の話です。

　神のみ使いたちは、アブラハムとサラを訪ねてイサクの誕生を予言してから、次にソドムの町に向かいます。ソドムとゴモラは悪徳の町として有名です。新約聖書を読むと、まず、"主は、自分たちの地位を守ろうとはせず、そのおるべき所を捨て去った御使たちを、大いなる日のさばきのために、永久にしばりつけたまま、暗やみの中に閉じ込めておかれた。ソドム、ゴモラも、まわりの町々も、同様であって、同じように淫行にふけり、不自然な肉欲に走ったので、永遠の火の刑罰を受け、人々の見せしめにされている"(ユダの手紙6－7節)と述べられています。

そして、ロトの話が出てきます。ロトはアブラハムの甥で、ハランを出発したときから一緒に旅をしました。そしてカナン地方に到着し、そこからさらに、ネゲブ地方に移ります。ところがそこは飢饉があったのでエジプトに向かいました。

エジプトではエジプトの王ファラオが、サライを誘惑する事件が起こりました。それを乗り越えたアブラハムとサライは、再びネゲブ地方に戻ります。その時ロトも一緒でした。一行はさらに、ベテルに向かい、ベテルとアイとの間に戻ってきます。ところが、アブラハムとロトは、ともに非常に多くの家畜や金銀や天幕を持っていたために、その土地では一緒に住めないことが分かったのです。さらにアブラハムとロトの家畜の労働者同士が争うようになります。こうしてアブラハムとロトは、お互いに分かれて住むようになったのです。アブラハムは、カナン地方に住居を構えたのですが、ロトはヨルダン川の流域の低地一帯が気に入ったのです。そこに、ソドムとゴモラの町があったのです。新約聖書には、ロトについて次のように述べています。

" 神は、罪を犯した御使たちを許しておかないで、彼らを下界におとしいれ、さばきの時まで暗やみの穴に閉じ込めておかれた。また、古い世界をそのままにしておかないで、その不信仰な世界に洪水をきたらせ、ただ、義の宣伝者ノアたち八人の者だけを保護された。また、ソドムとゴモラの町々を灰に帰せしめて破滅に処し、不信仰に走ろうとする人々の見せしめとし、ただ、非道の者どもの放縦な行いによってなやまされていた義人ロトだけを救い出された。この義人は、彼らの間に住み、彼らの不法の行いを日々見聞きして、その正しい心を痛めていたのである。こういうわけで、主は、信心深い者を試錬の中から救い出し、また、不義な者ども、特に、汚れた情欲におぼれ肉にしたがって歩み、また、権威ある者を軽んじる人々を罰して、さばきの日まで閉じ込めておくべき

ことを、よくご存じなのである。こういう人々は、大胆不敵なわがまま者であって、栄光ある者たちをそしってはばかるところがない"(ペテロの手紙二。2章4－10節)。このように悪徳の町において、義人ロトは、人々を正しく導こうと努力していたようです。神は悪のはびこる世界から、唯一ノアの家庭を箱舟によって救い出されたように、ソドムとゴモラも滅ぼして善なる者、義なるもののみを救おうとされたのです。一般的に聖書においてはこの悪徳、邪悪とは＜同性愛＞と指摘されていますが、後代のユダヤ教の思想家には、他の意見もあるようです。タルムードやナーマニデス(1194－1270年)などはソドムとゴモラの人々は、富の独占と多民族の排斥であると言っています。

　さて、アブラハムの家を訪ねた神のみ使いたちは、ソドムを見下ろす高台まで行きます。アブラハムも、彼らを見送るためにそこに行ったのです。そこで主(なる神)は、"ソドムとゴモラの罪は非常に重い、と訴える叫びが実に大きい"と言って、＜滅ぼす＞ことをほのめかされます。そこで、有名な問答が始まります。

　アブラハムは近寄って言った、「まことにあなたは正しい者を、悪い者と一緒に滅ぼされるのですか。

　たとい、あの町に五十人の正しい者があっても、あなたはなお、その所を滅ぼし、その中にいる五十人の正しい者のためにこれをゆるされないのですか。正しい者と悪い者とを一緒に殺すようなことを、あなたは決してなさらないでしょう。正しい者と悪い者とを同じようにすることも、あなたは決してなさらないでしょう。全地をさばく者は公義を行うべきではありませんか。」
主は言われた、「もしソドムで町の中に五十人の正しい者があったら、その人々のためにその所をすべてゆるそう」。アブラハムは答えて言った、「わたしはちり灰に過ぎませんが、あえてわが主に申します。

もし五十人の正しい者のうち五人欠けたなら、その五人欠けたために町を全く滅ぼされますか」。主は言われた、
「もしそこに四十五人いたら、滅ぼさないであろう」。

アブラハムはまた重ねて主に言った、「もしそこに四十人いたら」。主は言われた、「その四十人のために、これをしないであろう」。

アブラハムは言った、「わが主よ、どうかお怒りにならぬよう。わたしは申します。もしそこに三十人いたら」。主は言われた、「そこに三十人いたら、これをしないであろう」。

アブラハムは言った、「いまわたしはあえてわが主に申します。もしそこに二十人いたら」。主は言われた、「わたしはその二十人のために滅ぼさないであろう」。

アブラハムは言った、「わが主よ、どうかお怒りにならぬよう。わたしはいま一度申します、もしそこに十人いたら」。主は言われた、「わたしはその十人のために滅ぼさないであろう」。

主はアブラハムと語り終り、去って行かれた。アブラハムは自分の所に帰った (創世記１８章２３－３３節)。

上記の中で、アブラハムは主 (なる神) に " 全地をさばく者は公義を行うべきではありませんか " と問いかけています。このように人間が大胆に神に質問していることは、それ以前のアダムやノアの時代には考えられないことです。神と人間の関係の変化を表しています。それが＜契約＞を交わした結果を意味しているのです。アブラハムはある意味で自由を持った人間となったのです。そのことは、人間としての責任を厳しく追及されることでもあります。

ここで興味をそそる意見があります。それは、エーリッヒ・フロムが述べているこの箇所に関してのことです。フロムは、アブラハムは、10 人の正しい人を守るところで、この神への質問を止めているのは何

故だろうと言い、なぜ、一人の人のためにも町は助けられることを求めなかったのか？というのです。フロムの意見は、10人が社会を構成する最小単位であること。それで、アブラハムの主張としては、善であり義である人々のグループが中核的存在となっている限りは、神はその町全体を滅ぼすことはできないということのようです。

　この中心の核となる人々、中核という考え方は、その後のイスラエルの預言者たちにも見られ、特に、タルムードの考え方には、"人類の生存には各世代に＜36人の正しい人＞が必要であるというのです(エーリッヒ・フロム『ユダヤ教の人間観』)。このようなアブラハムの懇願にもかかわらず、ソドムとゴモラの滅亡は確定されます。ロトとロトの妻と二人の娘がソドム脱出に成功したのですが、ソドムとゴモラの上に硫黄の火が降った時、ロトの妻は、"町を振り返るな！"という神の戒めを聞き入れず＜塩の柱＞となりました(創世記19章26節)。近年、考古学者たちは、死海の付近のソドムとゴモラの廃墟らしい跡を発見して実証を続けています。

第 3 章　現代人は、アブラハムのイサク献祭を理解できるか？

「イサク献祭」に関して
デカルト、カント、キルケゴールの意見

　　主 (なる神) は、約束されたようにサラを顧みられたので、サラは身ごもって、年を取ったアブラハムとの間に男の子を産みます。これがイサクです。ところが、イサクが乳離れをしてから、何年かたった時、大変な試練がやってきます。

　" これらの事の後、神はアブラハムを試みて彼に言われた、「アブラハムよ」。彼は言った、「ここにおります」。

　神は言われた、「あなたの子、あなたの愛するひとり子イサクを連れてモリヤの地に行き、わたしが示す山で彼を燔祭としてささげなさい」"(創世記 22 章 1 － 2 節)。

　これが有名な＜イサク献祭＞です。ユダヤ教の伝統によれば＜アケダー (aqedah) ＞と呼ばれるものです。この箇所は歴史を通して様々な思想家、宗教家たちによって無数に論じられてきました。アブラハムとサラが老境に入るまで待ち望み、またある時は絶望してきたのが息子の誕生でした。旧約聖書を読むと、神は 7 度もアブラハムの直系の子の

誕生と子孫繁栄と土地の相続を約束されています。しかしアブラハムと
サラは幾度となくその神の契約を疑いましたが、神はこの家庭を顧みら
れてイサクを誕生させられたのです。まさしくイサクは独り子でした。
何にも代えられない存在となります。しかし神はこのイサクを燔祭に捧
げよと命じられたのです。現代人は、このアブラハムのイサク献祭を理
解できるのでしょうか？これからしばらく述べる内容は、ユダヤ - キリ
スト教または旧約新約聖書を大河の本流とすれば、支流となって流れて
今に至っているという内容です。それはちょっと横道にそれる話ですが、
近現代の思想家たちの背景を知る必要があるので記述いたします。

　このアブラハムのイサク献祭の物語は、遠い昔から " 信仰の模範 " と
して讃えられて、ユダヤ教や古代から中世のカトリックなどでは賞賛の
対象でした。ところが西洋中世のキリスト教会の腐敗や退廃からルネッ
サンス運動、そして宗教改革が勃興するにつれて、人々は様々な意見を
述べるようになります。それが、アブラハムのイサク献祭に対しても以
前はとても考えられないような意見が出てきます。ルネッサンスから近
代啓蒙思想の思潮は、理性の重視や人権の回復などですから、その観点
から批判や再考が始まるのです。
　例えば、アブラハムの物語において、イサクという待望の息子を得た
喜びと希望を持ったアブラハムに、その独り子を献祭に捧げよ、と命令
をされるわけです。まず、この不可解な命令のみならず、神に関しても
その実在まで問いただすようになります。それまで、人々は、神は最高
の実体として何の疑いもなく崇拝してきたのです。神が存在することも
宇宙論的証明によって明確に立証されると言ってきました。特に中世最
大の神学者トマス・アクィナスの " 五つの道 " は有名な神証明でした。
宇宙論的証明とは、この自然界が原因と結果からできているとして、因
果律によって、原因をさかのぼっていけば究極的存在として神に至ると
いうものです。

　この伝統は今なお、現代のローマ。カトリック神学にも受け継がれています。もともとこのような考え方はギリシャ哲学に由来するものです。ギリシャ哲学においては、宇宙や自然は神々に満ちたものとして、プラトンやアリストテレスも宇宙や自然を敬虔な思いで見つめていました。ただ問題はこの自然や宇宙などから類推される神とは、不動であり、無限であり、不死であり、アパシー (無感動で受苦しない、苦しまない) と規定したことです。

　その後、ルネッサンスが勃興し、今まで神にのみ集中してきた観点が人間に向かうようになります。人間中心の人本主義やヒューマニズムの台頭です。ここから、ヨーロッパ的な主体性、主観性が成立してきました。例えば、フランスの啓蒙主義は、古い権威への反抗、つまり、カトリック教会や王や貴族の権力への反逆です。そして、理性を重んじる合理主義です。理性とは英語では Reason で、ラテン語では Ratio、そしてギリシャ語では Logos です。一般的には、理性とは、一時的な本能や衝動に左右されず、概念や実在を理論的に考える心の働きです。

　ルネッサンスの人間主体性、ヒューマニズムの台頭から啓蒙主義の時代となります。ここで代表的な 3 人の思想家を紹介します。デカルトとカントとキルケゴールです。こういう近代啓蒙主義の思想家たちは、アブラハムのイサク献祭をどのように考えるか？は非常に重要なことなので説明していきます。

　1596 年にフランスで生まれたデカルトは、この権威への反抗精神と何よりも理性 (自然の光) を駆使して、真実なるもの真理を探究しようとしました。というのは当時、デカルトが真理、真実であると幼い時から確信していたカトリック教会の権威が揺らいできたからです。特に科学や天文学が発達して、天動説が否定されるようになります。天動説とは、ピタゴラスやプラトンやアリストテレスなどに支持されて、紀元 2

世紀にアレクサンドリアの天文学者プトレマイオスが完成させ、その後、1,500 年以上も信じられていました。この説は、宇宙の中心に地球が静止して、その周りを天体が回転しているというものです。この考え方はキリスト教的宇宙観となっていました。しかし、16 世紀にコペルニクスが地動説を唱えて、180 度異なる宇宙観が説かれます。これは太陽中心の宇宙観です。それまでの天動説では、船舶の航海学などに誤差が出たりしていました。それでも、コペルニクスは、キリスト教の聖職者であったために、生前はその著「天球の回転について」は発表しませんでした。

　ところが、それを受け継いだドミニコ派の修道士ジョルダーノ・ブルーノが、大々的に地動説を説いて回り、結局、法王の命によって火刑に処せられます。ブルーノの火刑から 10 年後、ガリレオ・ガリレイが望遠鏡の発明によって地動説を証明していくのですが、これまたカトリック教会に弾圧されます。このような時代背景の中で、デカルトは幼少期から青年期をおくります。デカルトを悩まし続けたのは、絶対の真理、真実と思っていたカトリックの教義に代わる、何か絶対確実なもの、否定できない揺るぎのない土台とは何かということです。デカルトは、1606 年、10 歳の時にカトリックのイエズス会に入学します。

　そのころ、カトリックに反抗してルターなどが、プロテスタントの宗教改革を起こしていました。それで、このイエズス会の学校の学風は、ルターの宗教改革やヒューマニズム (人文主義) に反対して、学生たちを強固にカトリック化するというものでした。カトリックの伝統的なスコラ哲学などを、カリキュラムに取り入れました。デカルトは、このような信仰と思想の矛盾した狭間 (はざま) の中で、内心は嵐のような葛藤を続けていました。1614 年、18 歳でイエズス会の学校を卒業して、大学に進み法学や医学を学びます。1619 年、30 年戦争に参加。しかし、デカルトはなおも真実のもの、確固とした土台を模索し続けていました。

　その年の初秋のことです。デカルトは、ウルム市近郊の村の炉部屋に
こもって、絶対確実な真理を一心に思索します。そこで＜驚くべき学問
の基礎を発見＞したという。これを導いたのが、方法的懐疑といわれる
ものです。これは、疑えるものは、ことごとく徹底して疑うというもの
です。感覚による知識、感情、推理、論理など、すべては疑わしいとい
うわけです。彼の著作『方法序説』によると、" しかしながら、そうす
るとただちに、私は気ずいた。私がこのように、すべては偽である、と
考えている間も、そう考えている私は、必然的に何ものかでなければな
らぬ、と。＜私は考える、ゆえに私はある＞という真理は、懐疑論者の
どのような法外な想定によっても、揺り動かしえぬほど、堅固な確実な
ものであることを、私は認めたから、私はこの真理を、私の求めていた
哲学の第一原理として、もはや安心して受け入れることができる、と判
断した " と。

　このようにして、徹底して懐疑して、そこに、考えている＜私がある＞
ことは絶対に確実な真理であるとしたのです。これが、難しく言えば、
" この存在思惟は、近代的、ヨーロッパ的主観性＝主体性の成立 "(J. モ
ルトマンの表現) であり、それまでの宇宙論的証明などの神観を覆した
のです。デカルトは主体としての自己を起点として、今度は今まで徹底
して懐疑して否定し去った神や世界を、再構築しようとします。そして
その著『省察』のなかで試みたのが神の本体論的証明です。これは、わ
たしたちの中には神という観念があります。私たちは有限な存在です。
なぜ有限な存在であるわたしたち人間に無限な存在としての神という観
念が生じるのか？それは明らかに人間の外に神が＜存在＞するからこ
そ、そのような神の観念が起こるのだというのです。また、個物を定義
する本性は一定の述語を含む。だから＜存在＞は神を定義する述語の中
に含まれなければならない。例えば、三角形の性格に不可分な内容とは、
内角の和は二直角の和に等しい、それと同じように＜存在＞は神という

至上なる完全者の必然的な不可分の内容である。このようにデカルトは近代哲学の祖と呼ばれるようになります。

　さてその後、イマニュエル・カントが現れます。カントは西洋哲学においては、まるで聳え立つ尖塔のような人物です。カントは 1724 年に、東プロイセンの首都ケーニヒスベルグの馬具商人の家に生まれます。生涯この町で生活して、大学で哲学を教えていました。非常にまじめで時間をきっちりと守り、毎日の通学なども決まった時間に歩いていたので、町の人々はそのカントの姿を時計代わりにしていたというのです。熱心なキリスト教徒の家の影響もあってか、カントの哲学はキリスト教の基礎を守りたかったようです。カントは、理性を中心とした合理主義のデカルトやスピノザなどの哲学のみならず、イギリスの経験主義のロックやバークリーやヒュームの思想も随分研究していたようです。そして、これら合理主義と経験主義を批判して、認識という物事を知るという世界観に＜コペルニクス的な転回＞をもたらしました。

　古代より人間の認識は、外界の事物である対象物が、人間の認識主体の心の感覚器官に入り込んで、心を刺激して知覚、認識が生じるとしていました。これは、ギリシャのデモクリトスやプラトンなどの考え方でした。近世においてはイギリスの経験論者のロックが、人間の精神を白紙 (タブラ。ラサ) と見なして、そこに種々の経験が書き込まれると論じました。ところがカントは確かに外界の事物である対象物が、人間の心の感覚に入り込んで、その触発によって認識が生じる (模写説) と思ってきたけれどもそうではないと言いました。それは認識の内容を与えるだけで、認識そのものは成立しないと主張しました。認識が成立するためには、外界から入り込んだ後天的また経験的な様々な内容を統一する＜形式＞が、前もって人間の中に主観としてなければならないと論じたのです。

　これをわかりやすく例えで説明します。それは、主観的＜形式＞とは、サングラスやコンタクトレンズをかけているようなものです。私たちがサングラスをかけている場合、世界や自然や外界をどういう色に見えるか、どのような世界に見えるのかは、その眼鏡やサングラスが決定している前提条件なのです。つまり、外界から入り込んでくる経験に、人間の内部にある主観的＜形式＞がいちいち色を付けるのです。そのような前提条件こそが主観的＜形式＞であり、これは別名は＜理性＞です。

　イギリスの経験論者にヒュームがいます。ヒュームは原因と結果という因果律は人間の外界にあり、人間は経験できないと言いました。しかしカントはこの原因結果の因果律は、主観的＜形式＞つまり理性の側に前提条件としてすでにあるものだと論じたのです。

　このようにカントは、認識というものの成立を、外界から人間主観へと、まるで天文学者のコペルニクスのように 180 度転回させて論じたのです。これは重要な指摘でした。そして更に大切なことは、トマス・アクィナスの宇宙論的神証明やデカルトの本体論的神証明を批判しました。その理由は以下です。

　既に述べたように、認識という、物事を知るということは外界の事物である対象物が、人間の心の感覚に入り込んで、その触発によって認識が生じる (模写説) だけでは成り立たないのです (この模写説は、素朴実在論ともいわれて更にレーニンなどの弁証法的唯物論にも主張されています。しかし、最近はこの説を支持する人はほとんどいません)。外部からやってくるものを素材として、原因結果の因果律を備えた、主観的＜形式＞がそれらを一定の関係によって統一して初めて認識が成立するのです。この主観的＜形式＞こそが理性です。しかし、問題は理性というものには限界があるとカントは指摘したのです。

　例えば、神は存在するか？とか死後の不死の霊魂は存在するか？自由意志はあるか？宇宙の果てはどこにあるか？などは人間の理性では答え

151

を出すことができないと言ったのです。しかしカントは決して神の存在や霊魂の存在を否定したのではないのです。デカルトやトマス・アクィナスのようなカトリックは、理性でもって神を論じるけれども、この理性は理論理性という頭脳の中の考えなのだというのです。ここでカントは理論理性とは次元の違う＜実践理性＞というものを提示します。これは、倫理道徳または信仰に飛躍できるものです。神の存在や霊魂の存在、などが前提されて仮定されて(要請されて)はじめて、倫理や道徳が成り立つと主張したのです。

　これらのデカルトやカントの近代人の思考は極めて複雑かつ難解です。こういう理屈っぽい思想家が遠い昔の旧約聖書の物語、特にアブラハムのイサク献祭をどのように考えているのかは興味深いことです。カントの著作に『学部の争い』というものがあります。そこに"もしも神が人間に現実に語りかけることがあるとしても、人間は自分に語りかけたものが神であることを決して知ることができない"というのです。確かに人間の理性の有限性や矛盾性を論じたカントですから、そういう観点からアブラハムの受けた啓示を考えればそういう言動になるでしょう。更にカントの主張した実践理性つまり倫理や道徳の観点から見れば、啓示が確かかどうかわからないとしても、無実の自分の最愛の息子を燔祭として捧げることはなすべきことではない、という結論になるのです。

　カントから約100年後、実存主義が現れます。その先駆けとなったのがキルケゴールです。キルケゴールも徹底して真理を求めた人でした。ただデカルトやカントやヘーゲルのように理性などの合理主義に回答を求めたのではないのです。内面的に自己自らを理解することが重要だと考えました。つまり、実存のことです。だからカントのように何を知り何を認識するかは問題ではないとします。近代哲学はデカルトに始まって人間主体に焦点が移ってきて、カントは更に人間主体の内面の欲望な

どを分析し、人間理性の認識を深く探求したのですが、キルケゴールは
更に人間の自己の形成や内面的行為を模索したのです。それが"実存す
るとは、人間存在の最高の関心である"ということです。

　それではキルケゴールは、アブラハムのイサク献祭をどのように考え
るのでしょうか？キルケゴールは多くの著作を残しています。『あれか、
これか』。『誘惑者の日記』。『不安の概念』。『愛の業』。『反復』。『人生に
おける諸段階』。『死に至る病』などですが、1843年に出された『おそ
れとおののき』に、アブラハムの物語が記されていて最も刺激的な洞察
となっています。キルケゴール自身この作品に自信があったようで、"
いつかわたしが死んでもー＜おそれとおののき＞-だけで著作家として
のわたしの名を不滅とするに十分であろう"と書き残しています。キル
ケゴールの作品の特徴として、ほとんどの作品は自分の名前ではなく偽
名の著作名で発表されています。『おそれとおののき』は、沈黙のヨハ
ンネス（ヨハンネス。デ。シレンチオ）、が書いたとなっています。

　キルケゴールは、デンマークのコペンハーゲンで厳格な父によって、
敬虔なキリスト者になるように幼いころから訓練を受けました。ところ
が青年期に入ったころ＜大地震＞という生涯を変革するような体験をし
ます。この詳しい内容は客観的には詳しくはわからないのです（余談と
して、実存は徹底して孤立した個人を指します。だから実存主義の祖の
ようなキルケゴールも、その内面は他の人間にはほとんど知りえません。
キルケゴールのみならずすべての人間は、実存としては他人はほとんど
お互いの真実は理解できないのです）。しかし多くの研究者は、キルケ
ゴールの＜大地震＞とは一体何を意味するのか、を何とか理解しようと
努力してきました。代表的な意見として長い間解釈されてきたのが、次
のような話です。キルケゴールの厳格な父ミカエルの少年のころの出来
事です。荒野で羊の番をしていた時、大変苦しい思いをして、飢えて、

疲れ果てて、丘にあがって神を呪ったというのです。そのことを、ミカエルが 82 歳のときまで悔やみ続けていた、ということをキルケゴールは初めて知ったという。しかし、そのことだけが原因で若いキルケゴールが憂鬱になり、深い罪の意識に陥ったとはとても思えません。実はミカエルには先妻がいて、1796 年にその妻を失って、翌年に女中であったアンネと再婚します。これがキルケゴールの母です。

　ところがこの女中であったアンネとは以前から強姦的な関係があったようなのです。その後、ミカエルはまた妻を失い多くの子供を失います。それらがミカエルの少年時代に神を呪ったことの罪と罰の意識、罪の報いのように思われたようなのです。多分このようなことがキルケゴールの＜大地震＞の内容だろうと思われます。その後、キルケゴールはいつ襲ってくるかしれない死を意識するようになります。ベック (SamuelJ. Beck) という心理学者によれば、キルケゴールは厳しい父親によって (イサクのように) 神に対する生け贄 (にえ) にされているのではないかと感じていたという。つまり、アブラハムのイサク献祭の物語に、自分と父親との関係を重ねていたのだというのです。("Abraham,Kierkegaard, Either,Or"The Yale Review)

　さてキルケゴールがその著『おそれとおののき』において、偽名の沈黙のヨハンネスとして、アブラハムのイサク献祭を考察するわけです。しかしヨハンネスは冒頭から " このアブラハムの物語は自分には理解できなかった " と正直に告白させているのです。しかしこの言葉はヨハンネスにとってアブラハムは、あまりにも偉大な信仰者だという意味でもあるのです。ここで、ヨハンネスは、新約聖書のマタイによる福音書 19 章 16 － 22 節の金持ちの青年とイエスとの対話を紹介しています。

　" すると、ひとりの人がイエスに近寄ってきて言った、

　「先生、永遠の生命を得るためには、どんなよいことをしたらいいでしょうか」。イエスは言われた、「なぜよい事についてわたしに尋ねるのか。よいかたはただひとりだけである。もし命に入りたいと思うなら、いましめを守りなさい」。彼は言った、「どのいましめですか」。イエスは言われた、「『殺すな、姦淫するな、盗むな、偽証を立てるな。父と母とを敬え』。また『自分を愛するように、あなたの隣り人を愛せよ』」。この青年はイエスに言った、「それはみな守ってきました。ほかに何が足りないのでしょう」。イエスは彼に言われた、「もしあなたが完全になりたいと思うなら、帰ってあなたの持ち物を売り払い、貧しい人々に施しなさい。そうすれば、天に宝を持つようになろう。そして、わたしに従ってきなさい」。この言葉を聞いて、青年は悲しみながら立ち去った。たくさんの資産を持っていたからである "。

　この聖書の箇所についてヨハンネスは、この金持ちの青年がもしイエスの言葉に従って、すべての財産を売り払って貧しい人々に施したとしたら、この青年の信仰はアブラハムのようになれるだろうか？と問いかけて、絶対になれないという。というのは、財産は確かに最善の物であり青年にとって大切なものである。けれどもアブラハムが神に捧げようとしたものは、財産の様な＜最善の物＞ではなく＜愛する独り子、この世で持てる最愛のもの＞であることです。また神が何度もアブラハムに契約を結んできた未来を約束する実体こそがイサクです。また実際にアブラハムは父親として、イサクを深く愛していたのです。そのイサクの献祭はとてつもない葛藤となったに違いないのです。この試練は歴史上比較されるものはないでしょう。そしてこのイサク献祭とは近代のものを考える思想家にとっては、倫理上の問題でもあるのです。
　ヨハンネスは " 倫理的なもの " という見方でアブラハムのイサク献祭を考えます。では " 倫理的 " とは何のことでしょうか？倫理的な義務と

は、親は子供を守らなければならない、ということでしょう。ここで三人の悲劇の英雄の話が述べられています。それは、古代ギリシャのアガメムノーン、旧約聖書にあるエフタ、そして古代ローマのブルータスです。

　まず、アガメムノーンは、ミュケーナイの王であり、トロイア戦争におけるギリシア軍の総大将です。アガメムノーンは、ローマの時代には「王の中の王」と呼ばれました。ギリシア軍は、トロイアへの出航のためにアウリス港に寄港していたのですが、突然風がピタリと止んでしまって、帆船としては動きが取れなくなりました。占い師のカルカースに占わせた結果、将軍のアガメムノーンの行いが、女神アルテミスの逆鱗に触れたために、風を完全に止められたことがわかりました。占い師カルカースは将軍に、女神の怒りを治めるためには、長女イーピゲネイアを生贄にささげなくてはならないと告げます。アガメムノーンは、妻のクリュタイムネーストラーに伝令を送り、戦いに出航する前にギリシア軍兵士のアキレウスとイーピゲネイアを結婚させると言って、娘イーピゲネイアをアウリス港に呼び寄せます。アキレウスは真実に気付き、策略に利用されて激怒し、最初はイーピゲネイアを救おうとします。妻のクリュタイムネーストラーとイーピゲネイアは、アガメムノーンを説得しようとしたのですが、アガメムノーンは他に選択肢はないと思っていました。そこでアキレウスは、イーピゲネイアを力づくで救い出そうとしますが、イーピゲネイアは逃げ延びるすべはないことを理解していました。母親は徹底して反対しますが、イーピゲネイアは生贄 (いけにえ) になることを承諾し、ギリシア軍を救う英雄として堂々と死ぬことを望みます。アルテミスにささげる賛歌に導かれてイーピゲネイアは死に赴く。(エウリピデスの原作通りではないといわれているが、イーピゲネイアは祭壇の上で鹿と入れ替わったとも。)

　次に旧約聖書に出てくるエフタは、ギデオンと同じようにイスラエル
の士師であり勇者として紹介されています。ギレアドの地に住むギレア
ドという人の息子がエフタでした。ところがエフタの本当の母親は遊女
でした。ギレアドとその妻(本妻)との間に子供が生まれ成長すると、
子供たちは、エフタはよその女の産んだ子だから、家の相続するものは
何もないはずだ、と言ってエフタを家から追放しました。エフタは兄弟
たちから逃れてトブという地に住むようになります。ところがエフタの
周りにはならず者たち、つまりギャングたちが集まるようになり、彼は
その頭目となります。

　さてアンモン人がギレアドの地を攻め取ろうと攻撃を仕掛けて来た中
で、ギレアドの長老たちは、エフタをイスラエルの指揮官として立てよ
うとしました。アンモン人ですが、それはこのギレアドの東側に位置し
ている民族です。このアンモン人が攻めて来て、ギレアドの地をイスラ
エルの民から奪おうとしました、それに対してエフタに率いられたイス
ラエルが戦ったのです。
　その戦いに臨むに際してエフタは、主なる神に一つの誓いを立てまし
た。"もしあなたがアンモン人をわたしの手に渡してくださるなら、わ
たしがアンモンとの戦いから無事に帰るとき、わたしの家の戸口からわ
たしを迎えに出て来る者を主のものといたします。わたしはその者を、
焼き尽くす献げ物といたします"(士師記第11章30-31節)。しかし
彼はこれを主なる神への誓いとしました。
　エフタが誓ったことは、自分が凱旋した時、家の戸口から最初に迎え
に出て来る者を、焼き尽くす献げ物とするということでした。重要なこ
とは、これは主なる神が、アブラハムなどに命じた神の命令のようなも
のではなかったのです。本来、旧約聖書の献祭とは動物や穀物を捧げる
ものでした。ところが、古代イスラエルの周辺の異教徒の国々では、盛
んに人身御供の様な儀式がありました。ローマの歴史家タキトゥスの『ゲ

ルマニア』にはゲルマン人により生贄の儀式が記載され、ハワイ先住民、北欧民族、インカ民族、ケルト民族、メキシコのマヤ、アステカ族、インドのコンド族などにも存在しました。イスラエル民族間においては、そのような異教徒の習慣や伝統に染まってはならないと戒められていました。

　ところが、エフタは、自分でも思いもよらないような誓いを神の前にしてしまったのです。アンモン人との戦いは、主なる神がエフタの軍勢を手助けされたので大勝利します。エフタが意気揚々と自分の家に帰って来て、軽い気持ちで帰宅しました。ところが思いがけないことが起きます。ふと神に誓ったことを思い出し、多分、召使いか奴隷が自分を最初に出迎えに出てくるだろう。そうすれば、その人物を焼き尽くす献げ物に捧げようとちらっと思ったはずです。ところが、最初に出迎えに出てきたのは、最愛の娘だったのです。

その展開は以下です。----------

　"やがてエフタはミヅパに帰り、自分の家に来ると、彼の娘が鼓をもち、舞い踊って彼を出迎えた。彼女はエフタのひとり子で、ほかに男子も女子もなかった。

　エフタは彼女を見ると、衣を裂いて言った、「ああ、娘よ、あなたは全くわたしを打ちのめした。わたしを悩ますものとなった。わたしが主に誓ったのだから改めることはできないのだ」。

　娘は言った、「父よ、あなたは主に誓われたのですから、主があなたのために、あなたの敵アンモンの人々に報復された今、あなたが言われたとおりにわたしにしてください」。

　娘はまた父に言った、「どうぞ、この事をわたしにさせてください。すなわち二か月の間わたしをゆるし、友だちと一緒に行って、山々をゆきめぐり、わたしの処女であることを嘆かせてください」。

　エフタは「行きなさい」と言って、彼女を二か月の間、出してやった。彼女は友だちと一緒に行って、山の上で自分の処女であることを嘆いたが、二か月の後、父のもとに帰ってきたので、父は誓った誓願のとおりに彼女におこなった。彼女はついに男を知らなかった。

　これによって年々イスラエルの娘たちは行って、年に四日ほどギレアデびとエフタの娘のために嘆くことがイスラエルのならわしとなった"(士師記 11 章 34 － 40 節)。

　さてこれは何という悲劇でしょうか。とても信じられないような内容です。

　今一人はブルトゥス(ブルータス)です。ティトゥス・ユニウス・ブルトゥスは、共和政ローマ初期の人物。父親は、共和政の実質的な創始者ルキウス・ユニウス・ブルトゥスです。紀元前 509 年、父ブルトゥスは、親戚の女性ルクレティア(王子によって強姦され、それをもとに自害)へのレイプを引き金としてローマ王を追放、王政を廃止し元老院を中枢とする共和政を樹立する。ところが、以前の指導層の若者たちにの間には共和制への不満が上がっていました。おりしも、そのころ追放されたはずの王が、財産問題をめぐってローマへ使者を派遣してきたのです。元老院が使者に対処している間、共和制への不満分子がこれに接触し、その中にブルトゥスの息子ティトゥスも巻き込まれていったのです。この陰謀はある奴隷の通告によって明らかになりました。その後、陰謀に加担した者たちは処刑されたのですが、ティトゥスも父ブルトゥスの前で死罪となったのです。この奴隷はローマで初の解放奴隷となったというのです。1789 年、新古典主義のジャック＝ルイ・ダヴィッドの代表的な歴史画のマスターピースこそが『ブルートゥス邸に息子たちの遺骸を運ぶ刑吏たち』です。この絵にはリクトルというローマの護衛官、刑吏たちによって運ばれてきたブルトゥスの息子ティトゥスの担架に乗せられた遺骸が生々しく描かれています。

さてこれらは三人の悲劇的な英雄の物語の詳細です。この三人の英雄に共通することは、全員が国などの指導者であることです。そして、公的な利益のために個人の利益を無視して自己の息子や娘を捧げようとしていることです。しかし、よく調べてみると、例えば、旧約聖書のエフタの場合は、アブラハムのように神が息子イサクを燔祭として捧げよと命じたのとは事情は異なっています。エフタ自身が周辺国の異教の伝統を真似たような、はなはだ野蛮かつ軽率に、戦いに勝利するという目的で、＜自分が凱旋した時、家の戸口から最初に迎えに出て来る者を、焼き尽くす献げ物とする＞と誓っています。この行為は神と取引をしているように見えます。それで多分、『おそれとおののき』の著者である沈黙のヨハンネス（実はキルケゴール）は、このエフタについてはそれ以上は論じていません。

　次に古代ローマのブルトゥス（ブルータス）ですが、息子ティトゥスは国家陰謀罪にあたり、これはアブラハムのイサク献祭とはとても比較して論じられません。それで、沈黙のヨハンネスは、古代ギリシャのアガメムノーンの長女イーピゲネイアを生贄（いけにえ）、犠牲とする物語に焦点を当てて論じていくのです。
　アガメムノーンは長女イーピゲネイアを父親としては当然愛情を持っています。しかし、ギリシャという国にも責任があり愛国心を持っていました。このギリシャに責任を持つためには、出陣するための帆船を動かす"風"が必要であり、その"風"を取り仕切っている女神アルテミスの要求に従わざるを得ない。それで娘イーピゲネイアを燔祭として捧げざるを得ないということです。つまり、国家のための倫理的な義務を個人（父の子に対する）の倫理的義務に優先したのです。ここにおいて、親の子に対する義務という"倫理が停止"されているのです。しかし、より高い次元における倫理が全うされているわけです。

　では、これと比較した場合、アブラハムのイサク献祭とはどのような
ことになるのでしょうか？アブラハムはロトと共にカナンの地に住み始
めていました。神はその土地の見渡す限りを将来与えると約束されまし
たが、アブラハムは国の指導者ではありませんでした。その地域は、当
時5人の王が闘ったり同盟を結んだりしていました。アブラハムの甥
のロトが、それらの戦乱に巻き込まれてどこかに連れ去られたことがあ
りました。アブラムは、318人の私兵を作って、ロトや女たちや財産
を取り戻しました。しかし、アブラムは神から将来は多くの国民の父と
なると約束されますが、その当時は国の指導者でも何でもない、一族の
首長にすぎませんでした。だから、イサクという自分の子供の燔祭とい
う行為は、悲劇的三人の英雄とは全く異なる次元の問題です。

　アガメムノーンの長女イーピゲネイアを生贄(いけにえ)にするとい
う行為は、個人や家庭の倫理と国家の衰亡の倫理との板挟みになったア
ガメムノーンが、その葛藤と苦悩を乗り越えてより高い倫理に従ったゆ
えに偉大だと称えられるのです。しかし、アブラハムのイサク献祭は、
倫理的観点からは評価のしようがないのです。評価されるとすれば、そ
れは、アブラハムが個人や家庭に対する義務や倫理的内容よりも高い次
元の義務に従ったということが認められなければならないのです。つま
り、人間世界の普遍的な倫理や道徳よりも、高い次元の＜神に対する義
務＞が存在することが承認される必要があります。

　そこで、沈黙のヨハンネスは、この観点を批判的に論じるのです。つ
まり、＜神に対する義務＞とは何か？それは＜抽象的＞すぎるのではな
いか、というのです。このような問題を解くためのカギは神と人間との
間の関係は、義務や倫理や道徳という人間の世界のカテゴリーをはるか
に超えた内容があるということです。それは宗教特有の内容であり、信
仰というようなことです。

161

新しい宗教哲学の登場

　さてこれからユダヤ - キリスト教または旧約新約聖書の本流に戻っていきます。支流の流れとして近現代の思想家たちについて述べました。デカルトから始まってカントそして実存主義のキルケゴールなどの思想です。これらの近代の哲学思想について最近、次々と反駁する思想家が登場するようになりました。

　20 世紀の最も注目される哲学者とされる「ウィトゲンシュタイン」は、分析哲学の重要な著作『論理哲学論考』『哲学探究』を著わしました。ウィトゲンシュタイン (1889 年 -1951 年) は、オーストリアのウィーン出身です。ウィトゲンシュタインは、いままで哲学は、神や魂といった解決不可能な問題をもてあそんでいたにすぎないとして、哲学の解くべき問題と解き方を明確にするために、＜言葉＞を重視しようと考えました。『論理哲学論考』の序文では、「およそ語りうることについては明晰に語りうる、そして、論じえぬものについては沈黙しなければならない」と語っています。ウィトゲンシュタインは、＜言葉＞で世界は完全に記述されることや、哲学の諸問題は解決されたと宣言しました。

　例えばデカルトについてこのように批判するのです。1619 年、デカルトは 30 年戦争に参加したのですが、その間も確固とした土台を模索し続けていました。その年の初秋のことです。デカルトはウルム市近郊の村の炉部屋にこもって絶対確実な真理を一心に思索します。『省察』という著作の中で、" いま私がここにいること、暖炉のそばに座っていること、冬服を着ていること、紙切れを手にしていること、その他これに類することがそうである。実際にこの手や身体が私のものであることが、どうして否定できようか "。しかし、このように私たちにとって確実であるといわれる事柄にしても、それらは実は夢かもしれないと疑う

ことができる。さらに、内外の感覚も夢かもしれないと疑うことができる。ではそういう感覚を除去して、真であると確信できることの数理や論理の知識はどうだろうか。しかしこれらも何物かが確信させているのではと疑うことができる。つまり全知全能の神や悪なる霊が欺いているのかもしれない。このようにデカルトは徹底して確固たる知識を求めて疑い続けるのです。こうして、ついにデカルトは、懐疑し続けている自分の存在は疑いえないとして＜コギト。エルゴ。スム＞ (我思う、ゆえに、我あり) という命題を発見しここに確実な知識の根拠を求めたのです。さてこれに対してウィトゲンシュタインは、異議を申し立てます。では、デカルトが疑いに対して用いた＜言語＞に対しては全然疑っていないではないか？と。例えば、『省察』の中で＜悪なる霊が私を欺いていることに全力を傾けたとしよう＞と述べているが、＜悪なる霊＞という＜言葉＞の意味への懐疑も＜悪なる霊＞というものの存在についての懐疑も全然ない。このことはデカルトが、自分の使用している＜言語＞＜言葉＞については何の疑いも持っていない。ゆえにデカルトの懐疑は、すべての懐疑ではない、と結論します。

　こうしてウィトゲンシュタインはデカルトの疑いによる論証は、全くのばかばかしいものだというのです。こうしてウィトゲンシュタインは＜言語＞の大切さとともに、疑いではなく＜信じる＞ことの重要性を論じていきます。ウィトゲンシュタインは、＜懐疑は懐疑されないものに支えられている＞といいます。つまりこういうことでしょう。疑いというものを木の枝や葉に例えるとすると、枝や葉は、根や幹によって支えられてはじめて成り立ちます。その根や幹こそが＜言語＞です。ウィトゲンシュタインは＜言語ゲーム＞と名付けます。この言語の習得がまず前提なのですが、その習得には＜信じる＞ということが最優先されるのです。例えば、"子供が＜木＞という語の用い方を学ぶとき、大人 (先生) が木の前に子供と一緒に立ち、＜素敵な木！＞と言います。(この)

言語ゲームには木の存在についての疑いが入ってこない"と述べるのです。子供などが木や新しい何かを学ぶとき、木などの言葉の対象の存在を＜信じて＞おり、その木などが目の前に在り存在していることに全然疑いを持たないのです、と。このように、私たちの言語ゲームの習得は、疑いから始まるのではない、学んだことを根拠として信じるのであるというのです。このようにウィトゲンシュタインは、デカルトが方法的懐疑によって徹底して疑って確実性の根拠を求めたのですが、その際、残念ながら、＜言語＞を懐疑の対象から外してしまったのです。しかし、＜言語＞の営みを＜信用＞しなければ、そもそも疑うという行為も成り立たないのです。疑っているのは、当然、何らかの＜言語＞を使って疑っているからだというのです。

　ウィトゲンシュタインと同時代に、共感しまたは批判しあったのが、ムーア G.E.Moore,(1873 年 -1958 年) です。ムーアはケンブリッジ大学教授としてイギリス哲学界をリードしたのです。『倫理学原理』(PrincipiaEthica) および『観念論の論駁』(TheRefutationofIdealism) を発表，これによって当時のイギリス哲学界に流行していたヘーゲルやカント主義的観念論を批判しました。１９世紀後半、カントやヘーゲルなどのドイツ観念論がイギリスに強い影響を与えるようになります。ケンブリッジ大学のジョン・マクタガート (J.McTaggart) やブラッドリー(F.H.Bradley) などがヘーゲル哲学を研究しました。この二人はバートランド・ラッセルの師でした。ラッセルは後、２０世紀を代表する哲学者にして、数学者・論理学者となります。
　さて、ムーアの考え方を代表する学生時代のエピソードを紹介します。ムーアはそのころまだケンブリッジ大学に入ったばかりでした。先輩であったラッセルは、ムーアを連れてマクタガードの研究室を訪れました。その時、マクタガードは新入生のムーアに対して驚くような発言をします。それは、＜時間は実在しない＞というものでした。それを聞いたムー

アは、激しく反駁して論争となったというのです。ラッセルはムーアの
様子から、そこに哲学的な才能を見出したのです。ムーアはその後、哲
学を研究して＜常識の擁護者＞と呼ばれるようになります。ムーアは、
ジョン・マクタガートやブラッドリーやラッセルとは全く異なった思考
をする人で、常識 (コモンセンス) を備えた気質を持っていました。ブ
ラッドリーが (カントやヘーゲル流に) 現象の背後に別種の実在があり、
我々の常識で信じていることは誤りだ、と主張すると、ムーアは、その
ような考え方は全くの異常だと反論したのです。またマクタガートが「時
間の非実在性」つまり、＜時間は実在しない＞と主張すると、ムーアは
時間・空間が実在することは、当たり前のことであり当然の理であると
論じて、この当たり前のことを否定するマクタガートは相当におかしい
と言ったのです。

　ムーアは、カントやヘーゲルのみならず近代哲学の祖と称されるデカ
ルトにも激しくかみつきました。ムーアによれば、デカルト的ないわゆ
る方法的懐疑などが考えの筋道として最も合理的だといわれているが、
そのような考え方は実は、邪道であり、非合理的な何ものでもないと、
明確に否定します。ムーアによれば、私たちが現に住んでいる世界の存
在を証明する必要がある、などと考えるデカルト的発想はとても受け入
れられないというのです。例えば、" そこに本当にその椅子が実在する
か " という問いかけは、" それがテーブルや他の椅子がそこにあるよう
な仕方で、そこにあるのか " という問いかけと同じである。しかしなが
ら、何かがそこに在るにしても、また何かがそこに本当にあるかどうか
を問いかけて疑いをはさむ、ということは一体どういう意味をがあるの
であろうか？そもそも、そのような問いかけとか＜疑い＞には、何の意
味もないのではないだろうか。なぜなら、もし何も実在しないのであれ
ば、何かが＜実在しない＞と言うことのできるような、そういう感覚は
存在しないからである。

ここで現代の有名な神学者かつ哲学者であるジョン・ヒックの意見を述べます。ジョン・ヒックはその著作『宗教の哲学』のなかで、G.E. ムーアの意見に同意しながら次のように論じています。ヒックはまず、(デカルトから始まる) 合理主義の伝統に立つ哲学者たちは、知るとは、すなわち証明可能であることを意味する、という考えにあまりにも固執してきたと批判します。例えば、このような合理主義的な哲学者たちは、聖書を読んでみて、そこには神の存在を論証しようという発想が全くないことに衝撃を受けたというのです。ヒックは聖書は神の実在性を哲学的な推理によって確立しようとする代わりに、＜その実在性を当然のこととして認めている＞と言うのです。聖書を書いた聖書記者たちにとっては、神の存在を論理的な論証によって証明しようなどということは思いもよらないことであったという。

　その理由は、聖書記者たちは、生活上のあらゆる出来事を通してすでに神との関係を保っていたし、それのみならず、神の立場に立ってみれば、神の方も彼ら (聖書記者たち) との関係を保っていると確信されていたからである。神の意志は、彼ら (聖書記者たち) 自身の意志と交互作用をするダイナミックな意思、つまり破壊的な＜嵐＞や万象の生命を育む＜太陽＞、あるいは隣人に対する＜友情＞や敵への＜憎しみ＞などのように、日々日常の避けられない実在と全く同じような意味での、真実に存在する実在として理解していたのです。つまり、聖書記者たちにとって神とは、哲学者のように論理や推理や疑いによる存在ではなく、現実に経験され体験された実在だったのです。聖書記者たちは、彼らが物や自然の中の環境に生きていることを意識するのと、まったく同じように、神の現実に生きておられる現臨のただ中に自分たちが生きていることを＜肌で感じ＞意識していたのです。聖書記者たちにとって、神こそは彼らの人生やすべての人間の生に意味を与える実在そのものであり、三段論法や論理証明を満たす命題ではなかったのです。神は、合理

的知性によって受けいらられる抽象的な理念でもなかったのです。このようなことを理解しないでは、聖書記者たちが記述した聖書をとても理解することはできない。聖書の各ページは、ちょうど建造物に何か巨大な存在が (ぶつかり) 通り抜けて、その建物が大きく振動し反響するときのように、神がダイナミックに臨在。現臨する感覚に満ちている。

　また例えば、夫婦にとっては家族が生活に大きな意味を与えているという場合、そうだとしても、改めて、彼らがその家族の存在を哲学的に証明したいなどとは思いもしないでしょう。これと同様に、神と共に生き、動き、かつ存在して、そこに生きる意味や意義を見出している信仰者が、改めて神の存在を証明したいなどとは思わないはずです。

　ジョン・ヒックはその著作『宗教の哲学』のなかで、聖書記者たちにとって神は、現実に経験され体験された実在である、ということを力説しました。それは神への信仰であり実際の神体験が根本にあるのです。哲学者や思想家のように観念や理性や頭の中にある概念ではないのです。聖書の世界の源泉こそは＜信仰＞なのです。その信仰の模範的人物こそが旧約聖書のアブラハムであり、" 信じる者すべての父 "(ローマ人への手紙 4 章 11 節) なのです。旧約聖書と新約聖書を信じる人々は、そのアブラハムの信仰に倣 (なら) って、信仰に生き、信仰のうちに死んだのです。この劇的な物語は以下です。

創世記：第 22 章 1 － 18 節。
" これらの事の後、神はアブラハムを試みて彼に言われた、
「アブラハムよ」。彼は言った、「ここにおります」。
神は言われた、「あなたの子、あなたの愛するひとり子イサクを連れてモリヤの地に行き、わたしが示す山で彼を燔祭としてささげなさい」。
アブラハムは朝はやく起きて、ろばにくらを置き、ふたりの若者と、そ

の子イサクとを連れ、また燔祭のたきぎを割り、立って神が示された所に出かけた。

　三日目に、アブラハムは目をあげて、はるかにその場所を見た。そこでアブラハムは若者たちに言った、「あなたがたは、ろばと一緒にここにいなさい。わたしとわらべは向こうへ行って礼拝し、そののち、あなたがたの所に帰ってきます」。アブラハムは燔祭のたきぎを取って、その子イサクに負わせ、手に火と刃物とを執って、ふたり一緒に行った。

　やがてイサクは父アブラハムに言った、「父よ」。彼は答えた、「子よ、わたしはここにいます」。イサクは言った、「火とたきぎとはありますが、燔祭の小羊はどこにありますか」。

　アブラハムは言った、「子よ、神みずから燔祭の小羊を備えてくださるであろう」。こうしてふたりは一緒に行った。彼らが神の示された場所にきたとき、アブラハムはそこに祭壇を築き、たきぎを並べ、その子イサクを縛って祭壇のたきぎの上に載せた。　そしてアブラハムが手を差し伸べ、刃物を執ってその子を殺そうとした時、　主の使が天から彼を呼んで言った、「アブラハムよ、アブラハムよ」。彼は答えた、「はい、ここにおります」。

　み使が言った、「わらべを手にかけてはならない。また何も彼にしてはならない。あなたの子、あなたのひとり子をさえ、わたしのために惜しまないので、あなたが神を恐れる者であることをわたしは今知った」。

　この時アブラハムが目をあげて見ると、うしろに、角をやぶに掛けている一頭の雄羊がいた。アブラハムは行ってその雄羊を捕え、それをその子のかわりに燔祭としてささげた。

　それでアブラハムはその所の名をアドナイ・エレと呼んだ。これにより、人々は今日もなお「主の山に備えあり」と言う。主の使は再び天からアブラハムを呼んで、言った、「主は言われた、『わたしは自分をさして誓う。あなたがこの事をし、あなたの子、あなたの

ひとり子をも惜しまなかったので、　　　　わたしは大いにあなたを祝福
し、大いにあなたの子孫をふやして、天の星のように、浜べの砂のよう
にする。あなたの子孫は敵の門を打ち取り、また地のもろもろの国民は
あなたの子孫によって祝福を得るであろう。あなたがわたしの言葉に
従ったからである』」----------

　アブラハムがイサクを献祭するという大きな試練を乗り越えること
ができたのは＜信仰＞によるものです。その信仰とは何でしょうか？新約
聖書のヘブライ人への手紙に、信仰についてのみ言葉があります。"信
仰とは、望んでいる事がらを確信し、まだ見ていない事実を確認するこ
とである。昔の人たちは、この信仰のゆえに神に認められました（賞賛
された）"(11章１－２節)。
　この信仰についての説明からアブラハムの立場を考えてみましょう。
神は幾度となく、アブラハムに約束されたのは、天の星が数えきれない
ように、アブラハムの子孫もそのようになる、ということでした。しかし、
そのような神の約束にもかかわらず、アブラハムとサラには子供ができ
なかったのです。途中、三種類の動物や鳥の献祭に失敗したり、挙句の
果てには、サラの僕ハガルから子供を作ったりしました。それでも神は
最初の約束を無効にすることなく、忍耐強くアブラハムとサラ直系の子
供が生まれることを約束し続けられたのです。最晩年になり 100 歳近
くなったアブラハムのところに天の使いを送って、ソドムとゴモラを滅
ぼす寸前まで、神はアブラハムとサラに直系の子供が生まれると予言さ
せています。その１年後に予言通りにイサクが生まれます。このよう
な愛の深い神の御姿を鮮明に刻み込まれたアブラハムとサラでした。こ
の愛深い神は、一度約束されたことは必ず守られる、実に誠実なお方で
あられる、ということも骨身にしみてわかったのです。
　アブラハムが深く反省したことは "信仰とは、望んでいる事がらを確
信し、まだ見ていない事実を確認することである "。つまり、確かに最

初の神の約束された"天の星の数ほどの子孫"はなかなか実現しなかったけれども、自分は、まだ見ていない事実＝直系の子供の誕生、を信仰を持って確認しなければならなかったということです。そのことをアブラハムは肝に銘じたに違いないのです。そして、大きな試練がやってきました。それは、そのようについに与えられた独り子イサクを燔祭に捧げよ！ということです。しかし、すでにアブラハムは過去の不信仰を徹底して悔い改めて反省し、強固な信仰を持っていたのです。"もう絶対、神の約束されたことを疑うまい！"という決意です。

　この内容が、ヘブライ人への手紙11章17－19節です。"信仰によって、アブラハムは、試練を受けたとき、イサクをささげた。すなわち、約束を受けていた彼が、そのひとり子をささげたのである。この子については、「イサクから出る者が、あなたの子孫と呼ばれるであろう」と言われていたのであった。彼は、神が死人の中から人をよみがえらせる力がある、と信じていたのである。それで彼は、イサクを返してもらいましたが、それは死者の中から返してもらったも同然です"。つまりこれは「イサクから出る者が、あなたの子孫と呼ばれるであろう」という神の約束を絶対的に信仰したのです。＜イサクから出るもの＞とは、イサクが生きて結婚し子供を産み育て、その孫ひ孫とアブラハムの子孫が天の星のように生み増えていく、ということです。これは、燔祭によってイサクが捧げられて死んでも必ず神は復活させてくださるという大変な信仰です。アブラハムは、神が誠実な愛深いお方であると、生涯を通して骨身にしみて実感したがゆえに信じていたのです。このようなアブラハムの信仰は、その後のキリスト教のイエスの復活信仰へと脈々と受け継がれていくのです。

パウロとルターとアブラハムの信仰

　パウロは、キリスト教会史上において最重要な使徒とみなされています。古代ローマ帝国のタルソス (Tarsos) で生まれました (現代のトルコのタルスス)。ヘブライ名はサウロです。敬虔なパリサイ派のユダヤ教の教育を受けました。そのころキリスト教が普及してきました。キリスト教徒は、ナザレ人のイエスが救い主でありメシヤだと信じていました。しかしパウロの学んでいた旧約聖書 (厳密にはユダヤ教徒は聖書とだけ呼びます) の預言されているメシヤ観に照らしてみると、ナザレ人のイエスを救い主だとか神の子だというキリスト教徒たちは、神への冒涜であると考えました。

　そこでパウロ (そのころはサウロ) は次々とキリスト教徒に迫害を加えていきます。さらに多くのキリスト教徒を探し回るためにダマスコ途上にやってきます。そこで大変なことが起こるのです。以下、新約聖書の使徒行伝 9 章からの抜粋です。

-------------- 第 9 章 3 － 20 節。

　ところが、道を急いでダマスコの近くにきたとき、突然、天から光がさして、彼をめぐり照した。

　彼は地に倒れたが、その時「サウロ、サウロ、なぜわたしを迫害するのか」と呼びかける声を聞いた。そこで彼は「主よ、あなたは、どなたですか」と尋ねた。すると答があった、「わたしは、あなたが迫害しているイエスである。

さあ立って、町にはいって行きなさい。そうすれば、そこであなたのなすべき事が告げられるであろう」。

------------------------- サウロは、ダマスコにいる弟子たちと共に数日間を過ごしてから、ただちに諸会堂でイエスのことを宣べ伝え、このイエス

こそ神の子であると説きはじめた"。

　パウロが、キリスト教徒を迫害するためダマスコへ向かっていましたが、その時、復活したイエスが現れたのです。この衝撃的な出会いによって、パウロは回心するのです (AD32 年)。そこから今度は、180 度転換して、イエスがキリストであるという福音の熱烈な伝道者となります。小アジアという今のトルコやマケドニアというヨーロッパの入り口まで、合計 3 度の大伝道旅行をするようになります。新約聖書の中には、パウロが各教会に書いた手紙が正典として入っています。主なものは、テサロニケの信徒への手紙。コリントの信徒への手紙。ガラテヤの信徒への手紙。ローマの信徒への手紙などですが、最晩年の AD58 年に執筆を始めた＜ローマの信徒への手紙＞ (略して＜ローマ書＞) は、最も信仰的にも神学的にも深い内容だといわれます。パウロは後、エルサレムで逮捕されローマに送られて、皇帝ネロの迫害によって AD64 年に殉教します。

　日本近代で有名なキリスト者であった内村鑑三によれば、この＜ローマ書＞こそは、" 全世界を幾度も改造した歴史を持っている " という。改造と聞くとただ社会の外部的制度に関するものであるけれども、＜ローマ書＞のいう改造とは自己の心霊の改造を主眼とするというのです。

　マルティン・ルターはご存じのように宗教改革を起こしたのですが、それは主にパウロの＜ローマ書＞に影響されたからです。ルターは聖アウグスチノ修道会という最も厳しい修道院で修業をしていました。優秀な修行の成果とともに、1507 年に司祭となり神学研究を許されます。その後、神学博士になってヴィッテンベルク大学の教授となり、旧約聖書とともに新約聖書の＜ローマ書＞の講義を行います。しかし、どうしても納得がいかない聖書の用語に苦闘するようになります。それが＜神の義＞ということばです。『聖書思想辞典』には、この＜義＞の意味に

ついて多くのページを使って説明があります。義という語は、社会のなかでは正義という語として一般的に使用されます。つまり法律的な世界や裁きの意味にとらえられがちです。

　ルターは最初、この義、とくに神の義を神の裁きととらえました。つまり神は義であり正義であり、神は律法を与えて人間も神の義や正義にならって生きるべきであると命じます。そこで、人間は神の命にこたえるために、また罰を避けるために善なる行動に励み修業しなければならない。そもそもヨーロッパ中世時代の人々は、神の罰を受けて地獄に行くことを極端に恐れていました。恐ろしい地獄観があったのです。ルターは、もともと家族の願いや自分の望みとしては、法律家をめざしていました。1505 年、ちょうど法律の専門ロースクールに入学したときのことです。大学に向かっていた草原で激しい落雷にあったのです。その時の恐怖の間、" 聖アンナ、助けてください！" と祈り、修道士になることを誓ったというのです。

　ルターは聖アウグスチノ修道会で、誰よりも熱心に修行に励みましたが罪の意識を克服できなかったのです。どれだけ、神の義に倣って善行をなそうとしてもなしえないことに絶望するようになります。しかし転機が訪れます。それが＜塔の体験＞と呼ばれるものです。塔とは、修道院でルターに与えられていた個室のことです。それまで、神の義とはそれを励行できなければ地獄に行くという解釈をしていました。しかし、神の義とは神の怒りや裁きではなく、逆に神の恵みであり、憐みであり、神が人間を救おうとされて、神の宝ものを人間のものとするというものであることを悟るのです。

　それは、＜ローマ書＞にある " 福音には、神の義が啓示されていますが、それは、初めから終わりまで信仰を通して実現されるのです。＜正しい者は信仰によって生きる＞と書いてあるとおりです "(1 章 17 節) の内容であり、ここに＜信仰のみ＞という宗教改革の原点が感得された

のです。この意味は義人となるためには善行よりもまず信仰というのです。こうしてその後、多くの信仰者が＜ローマ書＞のいう信仰によって神に義とせられて平安を得ていったのです。

　パウロの＜ローマ書＞は、以上のようにルターに強い影響を与えてついに宗教改革を起こさせました。このパウロの　＜信仰＞というものの原点はアブラハムでした。アブラハムは旧約聖書に登場したのですが、パウロは、そのアブラハムの信仰に注目します。＜ローマ書＞の第４章にそれが記されています。すでに義または神の義については述べました。パウロによれば、アブラハムは、神の前に善なる行動をすることによって義とせられたのではなく、信仰によって義とせられた。アブラハムがユダヤ人の祖といわれるように、パウロもまたユダヤ人でした。最初イエスをキリストとして信じて弟子となった人々は皆ユダヤ人でした。パウロはイエスの１２弟子たちより後から、イエスが十字架につけられた後に、イエスをキリストとして信じた使徒でした。しかし、そのころのキリスト教徒の間の大きな論争は割礼についてでした。つまり、ユダヤ教徒として割礼を受けてから、イエスをキリストとして信仰するのか、それとも割礼は受けなくとも直接キリスト教徒になれるのか、という問題です。

　前者に固執したのがペテロであり、後者を主張したのがパウロです。つまりパウロは割礼を受けていない異邦人の救いを推し進めていたのです。だから、アブラハムの場合も当然、割礼を受ける前に、その信仰によって義とせられたと述べます。パウロは儀式や形式よりも、目に見えない心や信仰を重要視したのです。だから、更に神はアブラハムやその子孫に世界を受け継がせることを約束されたのですが、それは旧約の律法に基ずくものではなく、信仰による義に基ずくと述べます。つまり、アブラハムの肉の子孫ではなく、アブラハムの信仰に従うものこそ世界を受け継ぐということです。その意味は、アブラハムはそういう信仰を持っ

た私たちすべての＜父＞となるというのです。

　そして、最もパウロが力説したかったことは、死者に命を与える神を信じたことです。神はアブラハムに幾度となく天の星の数ほどの子孫を与えると約束されました。その起点こそが独り子イサクです。普通の人間であれば、そのイサクを燔祭に捧げればイサクは死んでしまうのですから、約束の子孫繁栄は途絶えることになると考えます。しかしアブラハムは絶対的に神は約束をたがえるはずはないと信じ、たとえイサクが死者となってもそれに命を与えてくださると信じたのです。つまり、神は約束したことを実現させる力をお持ちの方であると確信していたのです。このパウロが解釈したアブラハムの信仰こそが、後のキリスト教徒の復活信仰の基台になっているのです。つまり、イエスを十字架の死者の中から、復活させたお方＝神を信じれば私たちもまた義と認められるというのです。ここからパウロ神学の心髄が語られます。" わたしたちの罪のために死に渡され、わたしたちが義とされるために復活させられたのです "(ローマ書 4 章 25 節)、と。

　ここでわたしたちが誤解しがちな信仰というものの考え方です。これはキリスト教のみならずすべての宗教の信者にいえることです。それは、往々にして熱心に教会や礼拝場に通う、そして儀式に熱心に参加するということと、本当の信仰、パウロが言うようなアブラハムの信仰を持っていることとは異なる場合が多いということです。いわゆる、サンデークリスチャンなどは、日常生活においては、別に信仰的生活をせず、ただ日曜日の聖日だけ参加するというような場合です。またユダヤ教のファリサイ派やエッセネ派は、安息日に関する厳格な細則をつくっていました。それに対してイエスはその形式的な厳格主義を否定されたのです。というのはただ外面的、形式的な儀式に参加することが宗教生活だと誤って考えている信仰者が多いからです。さらに知的にのみ確信して

偏狭になり非寛容になって、他の宗教を異端視しがちです。しかしこのような信仰はアブラハムの信仰ではないのです。

　ルターは信じるということに関して説明しています。信じるということには二つの方法があるというのです。最初の場合は、神について、神に関して信じるということです。英語では、to believe about God といいます。この about が問題です。では、to be lieve about the devil or hell is true はどうでしょうか。これは悪魔がいる、ことについて、関して信じるとか、または地獄があることを信じるなどと同じで、単なる知的な表現にすぎません。About God は、本当の信仰の表現というよりは、知識の表現にすぎないのです。これに対して、to believe in God というと意味が完全に異なるのです。前置詞の about から in に変えるだけで全く異なる意味になります。In God となると、神が語ることをすべて信じるということのみならず、神を信頼し、あえて神との関係を強固に持つという意味になります。
　そこには神が語られたことや、語られたことをすべて成されるに違いないと、疑いを全く持たないのです。だから、アブラハムが神を信じた、to be lieve in God は簡単な表現のように思えますが、強固な信仰と信頼の言葉なのです。最初に述べた神に関して、神について信じるのではなく、神＜ご自身＞を信じたことです。敢然と神に信頼し、神とアブラハムの間には、相互に完全な信頼が築かれていたのです。アブラハムはこのように神を信じ、一切を神に任せていたからこそ、神が " 彼 (イサク) を焼き尽くす捧げものとしてささげなさい " と命令されたとき、それに問題なく応じることができたのです。

　わたしはここで文鮮明師の『Divine Principle』の中のアブラハムのイサク献祭の箇所を述べておきます。この叙述はパウロやルターの説明するアブラハムの信仰を、さらに詳細に論じていると思えるのです。

『Divine Principle』の重要な観点は、旧約聖書や新約聖書に出てくるアダムやノアやアブラハム、そしてモーセや洗礼ヨハネやイエスの言動を、単なる個々人の偶発的な出来事や物語とは見ません。彼らは神の摂理歴史に召命を受けて立てられて、神の復帰摂理に加担する者であり中心人物とされるのです。この神の復帰摂理歴史とは、究極的にはアダムとエバという人類始祖が、本来、堕落せずに達成していたはずの、創造本然の人間に復帰していく摂理です。ユダヤ教やキリスト教の思想や歴史観において、ともすれば見逃し重きを置かないことは、人間は堕落して＜サタンの支配下に置かれるようになった＞ということです。そのためにまず何よりもこの摂理歴史で要求されるのは＜サタンを分立、分別＞すること、そして創造本然の人間に復帰するためには、＜原罪＞を除去しなければならないということです。

　その原罪清算のために神が送られるのがメシヤです。問題は、そのメシヤの降臨は神のみがその責任としてなされるのではないのです。人間の側において、その人間の責任を全うしなければならないのです。つまり、＜メシヤのための基台＞を人間が完成しなければならないのです。実は、神がメシヤを送って人間を救おうとされた神の摂理は、すでにアダムの家庭から始まっていたのです。しかしそのような神の深刻な事情を、多くの聖書の中心人物たちは悟ることができなかったのです。それで多くの不信仰と失敗を繰り返してきたのです。何度も言いますが、この神の復帰摂理歴史では、人間を救おうとされる神に対抗して、人間を不信仰と失敗に誘導しようとするサタンの力があることです。サタンは原罪を理由に人間を強く拘束しているのです。これは以前も述べましたが、人間が堕落しなければ、人間は神の心情と一体となって、神とのみ対して生活するはずでした。しかし、アダムとエバがサタン、堕落天使ルーシェルと姦淫を犯しサタンと血縁関係を結んだために、サタンとも対応するようになりました。

177

つまり、堕落人間は神とサタンとの中間位置に立っているのです。このような人間がサタンを分立し、サタンと完全に分かれて神の側に立つには、人間自身が神の願われる条件を立てなければならないのです。たとえば、神が復帰摂理をなしえる立場にアダム家庭を立たせるために、神はアダム家庭に供え物を捧げるようにされたのです。その責任を担わされたのが、その息子たちであるカインとアベルでした。しかし、息子たちは神の復帰摂理に対する深い願いを知りませんでした。結局、カインはアベルを殺害したのです。それゆえに、その失敗の条件を立ててしまったアダムの家庭は、サタンが侵入してしまったのです。その後、10代を経て、ノア家庭に移されたのです。洪水審判の40日間をもって悪の世界を審判された神は、ノア家庭にメシヤを送る準備をされたのです。しかし、ノアの次子のハムの堕落行為によって、サタンが再びノア家庭に侵入したのです。その失敗の後、400年後に今度はアブラハムに移行されました。アブラハムは神の摂理に立たされたのですが、すでにご存じのように三種類の献祭のハトを裂かないことによって失敗しました。実はアブラハムのイサク献祭はそのような神の復帰摂理歴史上の深い内容があったのです。

　『Divine Principle』の中の新しい観点は、蕩減復帰という内容です。まず＜蕩減＞というものです。何かを失った場合、本来の状態に復帰するためには、何らかの条件を立てなければなりません。このような条件を立てることを蕩減というのです。たとえば、失った名誉や健康や地位を本来の状態に回復させるためには＜努力＞とか＜財力＞などの条件を立てる必要があります。また、二人が仲たがいをした場合、元の仲のいい状態に回復するためには＜謝罪＞するなどの条件を立てる必要があります。このようにして神の人間を創造された本然の状態に再び戻っていくことを＜蕩減復帰＞といいます。

　この蕩減復帰のための条件には、3つの種類があります。その第一は、

旧約聖書の " 命には命、目には目、歯には歯、手には手、足には足をもっ
て償わなければならない "(出エジプト記 21 章 23 － 25 節) とあるよ
うにです。このような償い法は今も中東でよく行われています。同一の
ものをもって蕩減復帰のための条件をたてるのです。

　この蕩減復帰のための条件には、3 つの種類があります。その第 1 は、
旧約聖書の " 命には命、目には目、歯には歯、手には手、足には足。を
もって償わなければならない "(出エジプト記 21 章 23 － 25 節) とあ
るようにです。旧約時代は、目が罪を犯せば目を抜き、手が誤ったこと
をすれば手を切りました。このような償い法は今も中東でよく行われて
います。同一のものをもって蕩減復帰のための条件をたてるのです。

　その第 2 は、より小さいものをもって蕩減復帰のための条件を立て
ることです。たとえば、イエス・キリストの十字架の代贖を " 信じる "
という、ごく小さな蕩減復帰のための条件を立てることによって、イエ
スと同一の死を経て再び生きたという条件を立てたとみなされて、救い
の大いなる恩恵を受けるようになるのです。また、数滴の水を頭の上か
ら注がれて、洗礼を受けたという条件を立てることにより、イエスと聖
霊によって新生したという立場に復帰することができる。この世におい
ても、債務者が多額の負債を負っているとき、その債権者の好意によっ
て、一部の少額の返済によって、負債の全額を清算したとみなされるこ
とがあります。

　(蕩減条件をよく理解するためには、ルターとエラスムスの間に起っ
た論争を知る必要があります。ルターは、アウグスチヌスが主張したよ
うに、神の恩寵を信じればいい、人間の行為や意思を持ち出すべきでは
ない、人間の意思は奴隷のようなものだからといいました。つまり、救
われるために、人間が条件を立てることなど出来ないなどと反対したの
です。それに対して、エラスムスは、新約聖書の " 放蕩息子の話 " をもっ

て論じました。二人の息子が父親から財産を分けてもらうのです。しかし、次男は財産をもって、遠くに旅をして、放蕩の限りを尽くして無一文になり、豚のエサをも食べたいという状態になります。そこで、我に返って、悔い改めて故郷に帰ってきます。兄は怒って家にも入れようとしないのですが、父親は哀れに思って走り寄って首を抱いて接吻します。そして、新しい服、指輪、履物を与えて、子牛を料理して祝うのです。（ルカによる福音書１５章１１－３２節）エラスムスは、放蕩息子が、悔い改めて帰郷するという小さな条件と努力をしたことが父親つまり神のみ心を動かしたと述べ、たとえ罪びとであっても小さな条件をたてれば大きな神の愛と救いをもたらす、と論じたのです。）

　さて第３の場合です。実はこれがアブラハムのイサク献祭にあてはまるのです。これは、小さい価値をもって蕩減復帰のための条件を立てるのに失敗したとき、それよりも大きな価値の蕩減復帰のための条件を再び立てて元の状態に復帰する場合です。たとえば、アブラハムは鳩と羊と雌牛とを捧げるとき、小さな鳩を裂くことができず、この献祭に失敗しました。これが原因となって、子孫たちはエジプトの地で 400 年間の奴隷生活を送らなければならなくなりました (創世記 15 章 13 節)。この小さな鳩を裂かないという失敗によって、アブラハムの立てるべき蕩減復帰のための条件は大きく荷重されたのです。それが、一人息子のイサクを燔祭としてささげなければならなくなった原因です。このような荷重の蕩減復帰のための条件はモーセのときにも見られます。
　ではどうして、失敗したときに、より大きな蕩減復帰のための条件を立てなければならないのでしょうか？それは、摂理の中心人物としての自身の立てなければならない条件とともに、彼の以前の失敗や彼以前の人物たちの失敗による蕩減復帰のための条件までも付け加えて立てなければならないからです。

　キリスト教神学には " 予定論 " という項目があります。予定説に関しては歴史を通して多くの神学論争を引き起こしてきました。これについて吟味する必要があります。キリスト教神学にはカルビンのように神が復帰摂理を推し進めるにおいて、つまり神のみ旨成就には、ただ神が自らの責任を果たされる、神の単独行使であるという考えに傾きがちです。確かに、聖書には、ロマ書８章や９章を読んでみると、人生の歩みや国の興亡の全てが、神の予定によってなされると思われる聖書の説明が多くあります。ローマ書８章29節や９章11節や９章15節などです。例えば、９章21節には、陶器を作る者は、一つを尊い器として作り、もう一つを卑しい器と作るという権能がある、だから神はすべてを予定されるというのです。

　しかし、聖書の他の箇所を読んでみると、神の全面的予定を否定する箇所も多くあるのです。その明確な例が、旧約聖書の創世記２章17節です。これは禁断の木の実のことです。アダムとエバの堕落を防ぐために、神は " 取って食べてはならない " という戒めを与えられました。神の予定はアダムとエバがこの戒めを守って堕落せずに、神の創造目的を成就することでした。しかし、神の予定の成就は、人間アダムとエバが神の命令に従わなかったので堕落してしまったのです。すでに以前に述べた、創世記６章６節の、人間の堕落によって、地上に人の悪が増して、常に悪いことばかりを心に思い計っているのをご覧になって、神は地上に人を創造したことを後悔し心を痛められたとあります。これも、もしも、神の予定によって堕落したとすれば、神は後悔されることはないはずです。

　余談ですがヘーゲルの歴史哲学によれば、神に該当する絶対精神の自己疎外によってアダムとエバが堕落したとあります。しかし、聖書の神はアダムとエバが戒めを守って、創造目的を完成されることを絶対に予定されていたのです。また、旧約聖書のサムエル記上、を見ると、神

は預言者サムエルに、"わたしはサウルを王に立てたことを悔やむ。彼はわたしに背を向け、わたしの命令をはたさない"(サムエル記上15章11節)と語っておられます。これは、不信仰に陥ったサウル王を、神が王として立てられたことを後悔された言葉です。この神の言葉は、神のみ旨、御心としての予定に反して、サウル王が人間の責任を果たさなかったことを示しています。人間を救おうとされる神の摂理の前には、いつも神のみ旨に対抗して、人間を不信仰と失敗に導こうとするサタンの力があるのです。サタンは原罪を理由に人間を強く拘束していることをサウル王は深く自覚するべきでした。

　このような神に嘆きを与えてしまう失敗と悪の結末は、すべて中心人物たち、いやすべての人間たちがサタンの支配下に落ちて、人間としての責任を果たさないことから生じるのです。この神の創造目的を復帰される神のみ旨の予定は、唯一であり、不変であり、絶対的なものです。だから、そのみ旨成就のために召命して立てた中心人物が失敗した場合、神はすぐその代理者を立ててでも神のみ旨を成就させようとされるのです。そのことは、カインとアベルの失敗の後、アベルは殺されたけれども、代わりにセツを立てられ、その子孫からノアを立てられ、ノアの息子たちの失敗の後、アブラハムを召命され、モーセがカナンを前にして息絶えた後、ヨシュアを立てられました。これらの例を見てわかるように、神が復帰摂理のために予定された中心人物が、人間としての責任を果たせず失敗した場合、その失敗した中心人物を再び呼び出して立てることはされないのです。不思議なことに、アブラハムは三種類の鳥や家畜の献祭を捧げることに失敗しています。ところが、アブラハムは復帰摂理の舞台から降板せずに、神は再び彼を立てて、イサク献祭に臨ませています。この理由は何でしょうか？

　『Divine Principle』における復帰歴史観にはまず重要な観点として蕩減復帰についてすでに説明しました。そのために立てる条件を＜蕩減条

件＞といい、この蕩減条件の＜程度＞については、すでに、3 種類ある
と述べました。同一のものをもって、そして、より小さいものをもって、
それから、より大きなものをもって蕩減条件を立てるということです。
そして、最後に、蕩減条件をたてる＜方法＞です。これは、いかなるも
のであっても、元の状態に復帰するためには、それから離れるようになっ
た経路と反対の経路をたどることによって蕩減条件を立てなければなら
ないのです。聖書のローマ書 5 章 19 節に、" 一人の罪によってすべて
の人に有罪の判決が下されたように、一人の正しい行為によって、すべ
ての人が義とされて命を得ることになったのです " とあるように、これ
は、人類始祖アダムの罪によって、すべての人類が有罪宣言になりまし
たが、イエス。キリストの正しい行為によって、すべての人類が義とさ
れて命を与えられるということです。

　この蕩減復帰の原則をアブラハムのイサク献祭の場合に当てはめてみ
ます。アブラハムは、三種類の鳥や家畜を捧げものとする重大な儀式に
失敗しました。予定論によれば、神はある摂理のために予定された中心
人物が、人間の責任分担を遂行できずに失敗した場合は、その中心人物
を二度と立てないのです。しかし奇妙なことに、神は再びアブラハムを
呼び出して、イサク献祭に臨ませています。この理由も、3 つほどある
のです。まず、ともすれば私たちは、聖書の中の人物の言動や事象を、
その個人の偶然的な物語とみなしがちです。しかし、その中心人物たち
のみならず＜私＞という個性体も、すべて復帰歴史の所産であり結実体
なのです。

　蕩減という見地から考えてみると、歴史、詳しくは蕩減復帰の歴史の
長い期間を通じて、中心人物たちや＜私＞という個性体には、歴史の要
求する目的があるのです。つまり、長い歴史を縦にした、縦的に要求し
てきた蕩減条件が結実しているのです。すなわち、歴史の中の中心人物

たちの成功もあり、失敗も結実しているのです。失敗した内容は、各中心人物や＜私＞が、一代において横的に蕩減復帰しなければなりません。アブラハムの場合も、ただポツンと一人空中からやってきたのではありません。アブラハムの前にはアダムの家庭があり、そして、ノアの家庭がありました。つまり、アブラハムの家庭はアダムの家庭から数えて第３次にあたるのです。この３数というのは＜完成数＞を意味するのです（詳しくは『Divine Principle』参照）。復帰摂理とは、メシヤを迎えるための基台を復帰なさろうとする神の摂理ですが、第一の家庭のアダムが失敗し、次に立てられた第二のノアの家庭も失敗しました。その失敗が延長されて、アブラハムの家庭までやってきました。この三次とは＜完成数＞を意味していて、どうしても摂理を完成すべき神の摂理の原理的理由がありました。それで、イサクを捧げるという、前よりも大きな価値あるもので蕩減条件をたてさせようとされたのです。

　更に第二の理由は、献祭を捧げるアブラハムの立場は、まさしくアダムの立場でした。サタンは、アダム家庭において、アダムに侵入して堕落させ、次いでカインに侵入してアベル殺害を誘導しました。つまり、親子二代をサタンが奪ったのです。これを神は、蕩減復帰することができたのです。つまり、蕩減復帰の原則として、神は父としてのアブラハムと息子としてのイサクの二代を、今度は、神の側から、取り返してくる摂理をすることができたのです。
　第三の理由は、アダムは、すでに以前、詳しく述べたように、直接的には献祭はできませんでした。しかし、ノアは、アダムと同じ立場に立ったのですが、アベルが献祭に成功したという、そのアベルの心情の基台があったので、箱舟を建造して、直接的に献祭を捧げることができたのです。そこで、アブラハムは、成功したアベルとノアの基台の上で召命されたことから、象徴献祭を捧げることができたのです。もちろん、このアブラハムの象徴献祭は失敗したのですが、アベルやノアが献祭に成

功した＜歴史的心情＞の基台を条件として、神は再びアブラハムを立ててイサク献祭に臨ませることができたのです。これが、神の復帰摂理におけるイサク献祭の歴史的背景です。

　さて、アブラハムは、イサク献祭をどのように捧げたのでしょうか？
-------------------- 創世記 22 章 9 － 13 節。
　" 彼らが神の示された場所にきたとき、アブラハムはそこに祭壇を築き、たきぎを並べ、その子イサクを縛って祭壇のたきぎの上に載せた。そしてアブラハムが手を差し伸べ、刃物を執ってその子を殺そうとした時、主の使が天から彼を呼んで言った、
「アブラハムよ、アブラハムよ」。
彼は答えた、「はい、ここにおります」。
　み使が言った、「わらべを手にかけてはならない。また何も彼にしてはならない。あなたの子、あなたのひとり子をさえ、わたしのために惜しまないので、あなたが神を恐れる者であることをわたしは今知った」。
　この時アブラハムが目をあげて見ると、うしろに、角をやぶに掛けている一頭の雄羊がいた。アブラハムは行ってその雄羊を捕え、それをその子のかわりに燔祭としてささげた "。

　アブラハムは、神のみ言葉に無条件に従って、その絶対的信仰でイサクを屠ろうとします。その瞬間に神は " 殺すな！" と命令されます。" あなたが神を恐れる者であることをわたしは今知った "(創世記 22 章 12 節) と言われたのです。＜今知った＞という＜今＞という神のみ言葉には、実に含蓄の深い内容があります。この意味には、アブラハムが以前に様々な場面において不信仰があり、特に三種類の家畜や鳥の献祭に失敗したことに対する神の＜叱責＞とともに、イサク献祭という本当に難しいテストに勝利、成功したという神の＜喜び＞が強調されている

のです。

　振り返ってみれば、神は多くの失望を味わってこられました。神は本当ははるかに人間よりも敏感であられ、慈悲深く、深い真実の愛を持たれたお方です。思ってもいない人類始祖のアダムとエバの堕落は、神に＜千秋万代＞にわたる悲哀と受難のお気持ちを植え付けたのです。アダムとエバの創造時には、ちょうどわたしたちの子供が生まれた時のような、無限の喜びと希望を神は味あわれたのです。その神が、人間堕落のときは、"あなたはどこにいるのか！"と悲嘆にくれて、アダムとエバを探し求めて彷徨しておられます。その後、信じることのできる人間を求めて、何千年の後、ノアを探し出して山の上に箱舟を作ることを命じますが、その創造の期間、神はどれほど心配と不安の日々を送られたことでしょうか。洪水審判の直後、それはちょうど天地創造後のアダムとエバと同じような立場でした。

　そのころ、堕落前のアダムとエバは純粋無垢であり、裸であってもなんの後ろめたい気持ちもなかったのです。だから、神は罪を犯す前の、どこを隠すでもなく神と喜びを満喫していた、その心情を取り戻したかったのです。これは神がアダムとエバとの間の喜びを満喫していたその心情を蕩減復帰しようとされたのです。この目的でノアを裸にしたのです。もちろんこれは、しかし、ハムをはじめ息子たちは、アダムとエバの堕落時の振る舞い＜裸を恥ずかしく思う＞という姿をまた見せてしまったのです。多くの不信仰を神は見てきたのです。ノアの洪水の前、神はこのように嘆いています。"主は、地上に人の悪がまし、常に悪いことばかりを心に思い計っているのを御覧になって、地上に人を造ったことを後悔し、心を痛められた"(創世記6章5－6節)。このような神にとってアブラハムのイサク献祭は、神にとっても驚きをともなう喜びだったのです。

第４章　神は喜び悲しまれるのか？
（神学的考察）

　これまで神は喜び悲しまれてこられた、ということを聖書を中心に述べてきました。しかし長いユダヤ教やキリスト教の歴史の中には、＜神は無感動であり、苦しまれない＞という考えがあったのです。特に、初期から中期にかけてのキリスト教思想の中においてです。その原因はすでに述べてきたように、ギリシャの哲学思想における神観に影響されてきたからです。つまり、パレスティナから出発したユダヤ―キリスト教の＜光線＞が、ギリシャという水晶のような岩石を通過するうちに、プリズムによる＜光の屈折＞のようになったのです。ヘブライズムのダイナミックな＜動的な神＞という世界観は、ギリシャやローマのヘレニズムによって、＜静的な神観＞に変化してしまったのです。例えば、ギリシャ思想、ヘレニズムに影響を受けた代表的ユダヤ的な宗教思想家には、フィロンやイェフダ・ハレヴィやマイモニデスやスピノザがよく知られています。

　フィロンは、エジプトのアレクサンドリアのユダヤ人哲学者です。ギリシア哲学の見地から、ユダヤ教の思想を再解釈したのですが、当時のユダヤ人には受け入れられませんでした。しかし皮肉にも、初期キリスト教において、キリスト教徒に大きな影響を与えました。著書は『神の不動性』などです。イェフダ・ハレヴィは、11－12世紀の中世イベリア半島の、ユダヤ学者であり聖書（トーラー）学者。第一級のヘブライ語詩人です。「ハザールの書（英語版）」は、代表的な哲学的著作でユダヤ教の古典です。

マイモニデスは、スペインのコルドバ生まれのユダヤ哲学者。マイモニデスはカイロのユダヤ教団を指導し、中世ユダヤ教神学の合理的基礎を築きました。さらに、スピノザはオランダの哲学者で、デカルト、ライプニッツと並ぶ17世紀の合理主義哲学者です。

　これらの宗教的思想家たちは、ヘレニズムの影響を受けて、神の＜完全性＞という考え方に固執しました。これはプラトンやアリストテレスなどが、神が＜完全性＞を持ち、＜変化せず＞、自ら充足し満足しているからだ、と考えてきたからです。例えば、マイモニデスは、"神は情熱とは無縁であって、歓びの感情にも、痛みの感情にも動かされない"といいました。スピノザは、その著『エチカ』（『倫理学』）Ethica において、"神は受動の状態におちない。また喜びや悲しみの感情にも動かされない"と論じました。スピノザは、神と人間との相互の関係というものは否定したのです。一方通行です。神が、人間との間に相互交流をなそうとして、感情を動かすことがあれば、それは、神の存在の＜変化＞を意味するというわけです。その変化は、神の＜完全性＞を汚し破壊するというのです。もし"誰かを愛する神"という場合、それはあり得ないことだというのです。なぜならば、それは＜完全な神＞という考えと矛盾するからだというのです。それで、長い歴史、ユダヤ教の思想そしてそれを受け継いだキリスト教の思想の基本的考えは、無感動の神そして受難不能つまり苦しみも感じない神というものでした。

　ところが、20世紀になって、＜愛＞というものがキリスト教神学における重要な議論の対象になってきました（『キリスト教神学入門』A.E.マクグラス。p.380）。ヨーロッパ中世において、そのころ、カンタベリーのアンセルムスやトマス・アクィナスなどは、先達のフィロンなどの神の憐みや愛についてより深く再考するようになります。すると、

喜びや悲しみなどの感情を、相互の関係性なく、また共有することもない愛というものがあり得るだろうか？ということを考え始めたのです。つまり、神の一方通行や人間の一方通行では＜愛＞を語ることはできないということが分かり始めたのです。例えば、愛する対象があったとき、その対象が苦悩したり喜んだりした場合、ともにその苦しみや喜びを共有するのです。それこそが、愛というものの在り方であり、特質なのです。更に、イエス・キリストの十字架上における苦しみの時、神も苦しまれたのだろうか？という疑問が浮上してきました。イエス・キリストは、受肉した神であられるからです。そこで仕方なく結論したのは、＜完全性＞としての神は苦しむはずがない、苦しんだのは人性としてのキリストだけであって、神は人間の苦悩は関係がない、という強引な強弁を論じることになったのです。

　しかし、ほどなくして、宗教改革が始まります。プロテスタントの出発です。マルティン・ルターの登場です。ルターは十字架につけられた神を主張して、苦しむ神を論じたのです。そのルターの影響を受けて、現代においてユンゲル・モルトマンが『十字架につけられた神』(1974 年) という著作を発表し、わたしのこの書物の序論で紹介した北森嘉蔵氏の『神の痛みの神学』(1946 年) もそのルターの影響下にあって論じたのです。

　さて、実はユダヤ教思想や初期キリスト教思想のなかにも、すでに神の喜びや悲しみを論じた忘れられたような神学者がいたのです。オリゲネス (Origenes Adamantius、AD185 年頃 -254 年頃) は、古代キリスト教最大の神学者、ギリシア教父とよばれる神学者の一人で、アレクサンドリア学派の代表的存在でした。オリゲネスによると、アブラハムのイサク献祭の苦悩は、ちょうど神が一人子イエス・キリストを十字架の受難へと送らざるをえない＜人類救済への神の苦悩＞と同じであるというのです。それこそが神の＜愛の神秘＞であり神の＜愛の苦悩＞であると

いうのです。そして重要な聖句こそが、エレミヤ書にある、31章20節、
"主は言われる、エフライムはわたしの愛する子、わたしの喜ぶ子であ
ろうか。わたしは彼について語るごとに、なお彼を忘れることができな
い。それゆえ、わたしの心は彼をしたっている。わたしは必ず彼をあわ
れむ。" これは口語訳です。一方、文語訳は、"エホバいいたまう、エ
フライムは我が愛するところの子、悦ぶところの子ならずや、我彼にむ
かいて語るごとに彼を念わざるを得ず、是をもて＜我が腸かれの為に痛
む＞、我必ず彼を恤むべし"。このオリゲネスが取り上げた、旧約聖書
のエレミヤ書31章20節には、神が無表情かつ無感動ではなく、人間
以上に愛の苦悩を抱かれたお方であると述べているのです。つまり、人
間の罪はどうしても許すことのできないものであるけれども、しかし、
神は愛であられるのでそれを許そうとされる。そこに、神の表現できな
いほどの苦悩があられるというのです。このオリゲネスの取り上げた、
このエレミヤ書31章20節は、その後の少なくない神学者たちに影響
を与えました。日本では、北森嘉蔵氏や井上良雄氏などです。ただ、こ
のエレミヤ書の口語訳では、神の本当の愛の苦悩は表現されていないと
いうことで、文語訳に注目します。

　余談ですが、北森嘉蔵氏が、『神の痛みの神学』を書くにおいて苦闘
していた時、このエレミヤ書31章の箇所によって、その苦悶を打破し
たというのです。少し長いですが、北森氏の感想を以下に記しておきま
す。
　"「摂理の神」ではなくて「罪の赦し」の神ということになって、神
が人となって人間の所まで来てくださって、寝転がっているわたしを抱
きかかえてもう一度回復してくださることになったわけです。摂理信仰
という神の愛の信仰から別の信仰に変わったわけです。
　しかしながらこういうエレミヤ記31章20節に出会ったわけです。
ですからわたしにとってはエレミヤ記31章20節というのは本当に救

190

いになったわけです。最近わたしの書斎を整理していましたら、古い雑誌がでてまいりまして、『兄弟』という雑誌の昭和三〇年の号ですがこの中に、井上良雄さんが短い文章を書いていらっしゃいます。井上さんはバルトの紹介者として非常に功績のあった方ですが、この井上さんが口語訳聖書は駄目だと書いています。教会は文語訳聖書にいかなければ駄目だと書いておられます。エレミヤ記 31 章 20 節は文語訳では「わが腸痛む」となっていたわけです。その後口語訳が出現しましたら「わたしの心は彼をしたっている」という言葉に変わってしまいました。文語訳エレミヤ記 31・20 では「わが腸痛む」となっていましたから、「愛」という言葉だけでは足りない、愛が「痛みの愛」である、ということを文語訳聖書は言ってくれたということに気付いて、そして『神の痛みの神学』がそこからスタートしたわけです。

　これが昭和 12 年で、今から 60 年前でございます。そして戦争になりまして、戦争というのは非常にひどい経験でありまして、戦争にぶつかったら人間の体験なんかは吹っ飛んでしまうわけですが、信仰を戦争中も貫いてきたということは電線から落っこちているようなわたしを抱えて再び電線に連れ戻してくださる神の愛だということで、「痛み」ということがますますピンときたわけです。

　それで、このことを非常に巧みに解説してくれた旧約聖書学者がいるのです。イギリスのピークという学者ですがエレミヤ記 31・20 の「ハーマー」という言葉を実に巧みに解説してくれています。それは「paradox of conflicting emotions」という言葉です。つまり「我が腸痛む」と訳されているのを専門の旧約学者は conflicting emotions(戦いあう思い) の paradox(逆説) というふうに解説しているのです。これはわたしは一番いい解説だと思うのです。ですから神様のみ心が戦いあっていることを「痛み」と名付けるのだということになると、これは摂理信仰とは違う。摂理信仰は神の意志が戦いあわないでしよう。可愛い、可愛いと

191

思うだけですから。"(北森嘉蔵『「神の痛み」の６０年 - 北森嘉蔵牧師記念』、ｐ.64 － 65)

　更に、重要なユダヤ教の思想家がアブラハム・ヘシェルです。ヘシェルは、ポーランドで 1907 年生まれたのですから遠い昔の人ではありません。ドイツで学位を取ったのですが、ナチに迫害を受けて、アメリカへ亡命しました。その後、ヘブライ・ユニオン・カレッジやユダヤ教神学院で教鞭をとり研究を続けました。晩年は、公民権運動やベトナム反戦にも参加。ヘシェルは既存のユダヤ的宗教哲学と対決しました。神は静かに座して人間を見つめているのではなく、受難と情熱をもって人間の間に能動的に入ってこられると主張しました。

　この神の情熱は、それまで信じられてきた無感動の冷淡な神とは何の関係もないというのです。人間たちとともに苦しまれる神は、神は愛であられるがゆえに、罪ある人間たちに接して自ら傷つかれても、真剣に救いを模索されておられるというのです。ヘシェルはフィロンの考えを否定し、＜ The God of pathos ＞を強調するのです。ユダヤ的な神体験は、決してギリシャ思想的な哲学的な唯一神論のような概念や観念では表現できないというのです。Pathos とは、哀感であり感情的であり情緒的な契機を意味していて、ギリシャ的な理性的な契機ではないのです。だから＜ The God of pathos ＞とは、＜神の情熱とか情緒＞を意味します。人間は " 神の悲哀や受難を経験して、それは人間を、幸福や苦痛に対して開くようになり、神の愛とともに愛し、神の栄光のために熱心になり、神の怒りとともに怒り、神の苦悩の受難とともに苦悩して受難する。そのようにして、人間は結局、神の喜びに接して幸福になる " というのです。

　このように、ヘシェルが神の受苦、情熱、情緒と名前を付けたことは、

ユダヤ教の伝統の＜自己卑下＞とか＜シェキナ＞などのカバラ的な思想
に通じるようになります。この思想は、どういう意味でしょうか？確か
に神は全知全能であり栄光なるお方ですが、世界の歴史、人間の歴史の
中に、降りてこられるというのです。その場合、＜自己卑下＞をなされ
て、特にイスラエルの民の中に臨在されるというのです。ある時は、天
上の王位につかれるけれども、卑小なるもの、つまり寡婦や孤児たちと
ともに住まれる。イスラエルの民がモーセとともに砂漠をさまようとき、
イスラエルの民に先んじて、松明 (たいまつ) の火や雲の柱で導かれる。
栄光の神は僕となって、民の罪を担おうとされます。人間と出会う神は、
さげすまれたような姿かたちで現れるのです。このようなシェキナこそ
が神の臨在なのです。神はイスラエル民族とともに迫害を受け苦悩され、
その民とともに彷徨され、捕囚となり、殉教者とともに死の受難を受け
られるのです。

　ここでエリ・ヴィーゼルを紹介します。ヴィーゼルは、ハンガリー出
身のアメリカのユダヤ人作家でヘシェルの弟子のような人物です。自ら
のアウシュビッツでのホロコースト体験を書いた『Night(夜)』という
著作で、1986 年にノーベル平和賞を受賞し、ボストン大学教授でもあ
ります。ヴィーゼルはアウシュヴィッツで、囚人番号 A-7713 のイレズ
ミを左腕に彫られる。母と妹はガス室へ送られ、父も、ブーヘンヴァル
ト強制収容所にて終戦の前に命を落としました。
　『Night(夜)』の中の悲惨な話を紹介します。これこそが、ヘシェル
のところで述べた神のシェキナの受苦の例です。

　「私はほかにも何度か絞首刑をみた。これらの死刑囚のたった一人で
も涙を流すところを、私は見たことがない。これらの枯れきった肉体は、
とうのむかしに涙の苦い味わいを忘れてしまっていたのである。
　一度だけ例外がある。第 52 電線作業班のオーベルカポはオランダ人

193

で、二メートルを越える巨人であった。700名の囚人が彼の指揮のもとに作業し、全員が彼を兄弟のように愛していた。だれひとりとして、彼の手から平手打ちを、また彼の口から罵声を浴びた者はいなかった。

　彼は幼い少年を「奉仕」させていた、少年はいわゆる「ピーペル」であった。この収容所にこんな子がいるとは信じられないような、ほっそりして美しい顔だちの子であった。

　〈ブーナではピーペルたちは憎まれていた。彼らはしばしば、大人よりも残酷な態度を示したからである。私はある日、彼らのひとりで十三歳になる子どもが、きちんと寝床をつくってくれなかったからといって、自分の父親を殴っているところを見かけたことがある。老人が静かに涙を流していると、子どものほうはこう言って喚き散らしていた。「もしすぐに泣きやまなければ、もうパンを持ってきてやらないよ。わかったかい。」しかし、例のオランダ人のもとにいた少年給仕はみんなから熱愛されていた。その子は不幸な天使のような顔をしていた。〉

　ある日、ブーナの発電所が爆発した。現場に呼び寄せられたゲシュタポは、破壊活動による事故だという結論を出した。証跡が発見せられた。それを辿っていくと、オランダ人のオーベルカポをいただくブロックまで行きついた。そこで捜索が行なわれたところ、大量の兵器が発見せられた！オーベルカポはたちどころに逮捕せられた。彼は何週間も続けて拷問を受けたが、その拷問はむだであった。彼はだれひとり名前を洩らさなかったのである。彼はアウシュヴィッツに移された。それっきり彼の噂は聞かれなくなった。

　しかし、彼の幼いピーペルは、収容所の闇牢に留まっていた。同様に拷問を受けたが、彼もまた、沈黙を守ったのである。そこで親衛隊は、武器を隠匿しているのが発見されたほかの二名の囚人とともに、彼にも死刑の判決をくだした。

　ある日、私たちは作業から戻ってきたときに、三羽の黒い烏のごとく、点呼広場に三本の絞首台が立っているのを見た。点呼。私たちのまわりには、機関銃の銃先を向けた親衛隊員 -- 伝統的儀式。縛りあげられた三人の死刑囚 -- そして彼らのなかに、あの幼いピーペル、悲しい目をした天使。

　親衛隊員は、いつもより気がかりで、不安を覚えているように見受けられた。何千名もの見物人の前で男の子を絞首刑にするのは些細な仕事ではなかった。収容所長は判決文を読みあげた。すべての目が子どもに注がれていた。彼は血の気がなく、ほとんど落ち着いており、唇を嚙みしめていた。絞首台の影が彼を覆いかくしていた。

　今度は、ラーゲルカポは死刑執行人の役を果たすことを拒否した。三人の親衛隊員が彼に代わった。三人の死刑囚は、いっしょにそれぞれの椅子にのぼった。三人の首は同時に絞索の輪のなかに入れられた。

　「自由万歳！」と、二人の大人は叫んだ。子どもはというと、黙っていた。

　「神さまはどこだ、どこにおられるのだ。」私のうしろでだれかがそう尋ねた。収容所長の合図で三つの椅子が倒された。

　全収容所内に絶対の沈黙。地平線には、太陽が沈みかけていた。

　「脱帽！」と、収容所長がどなった。その声は疲れていた。私たちはというと涙を流していた。

　「着帽！」ついで行進が始まった。二人の大人はもう生きてはいなかった。脹れあがり、蒼みがかつて、彼らの舌はだらりと垂れていた。しかし三番めの綱はじっとしてはいなかった -- 子どもはごく軽いので、まだ生きていたのである ……。

　三十分あまりというもの、彼は私たちの目のもとで臨終の苦しみを続けながら、そのようにして生と死とのあいだで闘っていたのである。そして私たちは、彼を、まっこうからみつめねばならなかった。私が彼のまえを通ったとき、彼はまだ生きていた。彼の舌はまだ赤く、彼の目は

まだ生気が消えていなかった。私のうしろで、さっきと同じ男が尋ねるのが聞こえた。

「いったい、神はどこにおられるのだ。」

そして私は、私の心のなかで、ある声がその男にこう答えているのを感じた。

「どこだって。ここにおられる -- ここに、この絞首台に吊るされておられる ……。」その晩、スープは屍体の味がした。」

ウィーゼル、エリ『夜』村上光彦訳、(pp.107-110)。みすず書房、1984 年、(Wiesel、Elie.1958. La Nuit. Paris: Les Editiones de Minuit.)

心情の神を正確に知る

この書物の結論を論じていく前に、文鮮明師について述べていきます。すでに、このわたしの書物でも時々、師の有名な著書である『Divine Principle』の内容から、そのすばらしい理論の一端を紹介してきました。文鮮明師は、1920 年 1 月 6 日に韓国 (現在の北朝鮮) で生まれました。その自叙伝『平和を愛する世界人として』の 1 ページを記しておきます。"15 歳になった年の復活祭 (イースター) を迎える週でした。その日も、いつもと同じように近くの猫頭山に登って、夜を徹して祈りながら、神様に涙ですがりつきました。なにゆえこのように悲しみと絶望に満ちた世界を造られたのか、全知全能の神がなぜこの世界を痛みの中に放置しておられるのか、悲惨な祖国のために私は何をしなければならないのか、私は涙を流して何度も何度も神様に尋ねました。祈りでずっと夜を過ごした後、明け方になって、イエス様が私の前に現れました。風のように忽然と現れたイエス様は、" 苦しんでいる人類のゆえに、神様はあまりにも悲しんでおられます。地上で天のみ旨に対する特別な使命を果たしなさい " と語られたのです。

祈られる文鮮明師

　その日、私は悲しい顔のイエス様を
はっきりと見、その声をはっきりと聞き
ました。イエス様が現れた時、私の体は
ヤマナラシの木が震えるように激しく震
えました。その場で今すぐ死んでしまう
のではないかと思われるほどの恐れ、そ
して胸が張り裂けるような感激が一度に
襲いました。イエス様は、私がやるべき
ことをはっきりとお話になりました。苦
しんでいる人類を救い、神様を喜ばして
さしあげなさい、という驚くべきみ言葉でした。" 私にはできません。
どうやってそれをするのでしょうか。そんなにも重大な任務を私に下さ
れるのですか "。本当に恐ろしくてたまらず、何とか辞退しようとして、
私はイエス様の服の裾をつかんで泣き続けました "。

　この若き文鮮明師にイエス・キリストが出現され、啓示を与えられた
ことを読者が信じるならば、今までわたしがこの書物で論じてきた、ほ
とんどの内容や問題が解かれていることを理解されると思います。イエ
ス・キリストは、はっきりと人類の苦しみゆえに＜神が受難＞を受けら
れてこられたことを証言されているのです。さらに、これは読者の想像
にお任かせいたしますが、若き文鮮明師が＜重大な任務＞を与えられた
ことを述べておられます。これは何を意味するのか？も文師の解かれた
『Divine Principle』を熟読すれば悟ることができるでしょう。
　『Divine Principle』には、第一章に創造原理という箇所があります。
この章を読むと、神の存在や神相や神性や神と人間との関係が明確に説
かれています。まず、今までのユダヤーキリスト教思想における神観の
問題点を述べて、それらがこの創造原理によって正されていることを述

197

べていきます。

1）神は最高の実体－－宇宙論的証明

　まず古代のギリシャから始まって、中世を経て現代のローマ・カトリック教会の教義に至るまで、大きな影響を与えてきたのが、＜神は最高の実体＞であるという考え方でした。宇宙論的神証明は、この＜神は最高の実体＞であるという仮説の下で、その十分な根拠を論じたのです。このような考え方のもとで多くの神の存在証明がなされました。そのなかで、よく知られたものが、カンタベリーの大司教のアンセルムスのものです。アンセルムスは、神とは"それ以上に大なるものは何も考えられないところのもの"といいました。この"それ以上に大なるもの"とは空間的に大きいとか小さいとかいうのではなく、＜完全である＞ことを意味しています。それから、知性の中にのみ存在することと、実在の中にも存在することを区別していきます。

　こういう論法を彼の著作『プロスロギオン』の中で展開していくのです。このアンセルムスの論証には、その後、少なくない批判者が現れています。例えば、アンセルムスと同時代のフランスの修道僧ガウニロや近代ではデカルトがこのアンセルムスの理論を取り上げて修正しようとしました。更にカントが異議を唱えました。
　＜神は最高の実体＞であるという仮説のもとで、多くの宇宙論的神の証明がなされたのですが、なかでも重要なものが、トマス・アクィナスの神の存在証明です。トマスは万人に対して、信仰を前提条件とせずに、第一原因としての神の存在を論証しようと試みます。これが、宇宙論的証明の＜五つの道＞です。ただ特異な点は、基本的思想として、＜神が存在するという認識は、もともと生来的に、われわれ人間に植え付けら

れている＞ということを認めることです。

　そして、これも、意外な考えですが、人間の根源的要求の＜幸福を求めること＞と神の存在を認識することとは、不可分の関係であるというのです。ティリッヒは＜究極的関心＞ということを述べました。この意味は、トマス的に言えば、＜究極的関心＞とは、神の存在の認識と人間の真の幸福ということだと思われます。平たく簡潔に言うとすれば、私たち人間すべてが＜幸福を求めている＞ということが、神が存在する証拠のようなものだということでしょう。最高善として追及する幸福とは、神のことを言っているというわけです。

　だからトマスの＜五つの道＞という神の存在証明とは、数学の命題の解明とか演繹や帰納をもとにしたと論証というものではないのです。そもそもトマスの神の存在証明は、アンセルムスやトマスの後のドゥンス・スコトゥスのような神の存在を (論理的に) ＜証明＞するというようなものではなかったのです (ドゥンス・スコトゥスは、スコットランド出身のスコラ学者。緻密な論理的思想を駆逐して精妙博士 Doctor subtili やまた、スコラ学のカントとも言われます)。ただトマスによれば、そのような神の存在の論証は人間にとっては不可能なのだという。その意味は、(頭だけで) 知的な建造物を構築するように神の証明をしようとすること自体が無意味だというのです。往々にして人々は、ただ知的な探求心だけで神を求めようとします。しかし、知的探求心よりももっと根源的な人間の欲望こそが、真の幸福へ向かう人間の生の歩みなのです。結論から言えば、トマスは人間が無限な善に到達して、真実の幸福に到着して神と神秘的合一に至って初めて、神の存在を真に認識できるのだという。その境地は＜神の本質直観＞であり、＜顔と顔とを合わせて神を見る＞ (コリント信徒の手紙一, 13 章 12 節) のことです。ただ問題は、現世、つまりこの地上の世界においては、そのような境地を実現できないというのです。神の存在という、高次元の問題に対しては、この地上

の人間は、まるで梟（ふくろう）と太陽のような関係です。ウクライナのことわざに、"フクロウの目に太陽は痛い"というのがあるようです。夜行性のフクロウにとって、真昼の太陽は見ることがつらいということで、つまり、この地上の人間は、真理や真実に向き合うのがつらいということのようです。そのような私たち人間が、それでもあえて神が存在する事を知ろうとすれば、被造世界としての自然を正しく見つめて観察し、そこから被造物を創造された、その根本原因であられる神の存在を推測、推論することしか方法がないのです。実際、トマスは、ローマの信徒への手紙、1章19節を取り上げています。"なぜなら、神について知りうる事がらは、彼らには明らかであり、神がそれを彼らに明らかにされたのである"。

　その次の節の20節には、"神の見えない性質、すなわち、神の永遠の力と神性とは、天地創造このかた、被造物において知られていて、明らかに認められるからである。したがって、彼らには弁解の余地がない"と書かれています。このようなトマスの取り上げたパウロのローマの信徒への手紙、1章19節は、近年のローマ・カトリック神学も重要視しています。1871年の第一回バチカン公会議は、＜神の根本的証明の可能性＞というものを定義しました。それは、"万物の起源と目標である神は、人間理性の自然的光によって、被造物から確実に認識されうる"というものでした。さて、パウロのローマの信徒への手紙を手引きとして、トマスも現代カトリックも神の存在を論じたのですが、ユンゲル・モルトマンはこのように結論ずけています。"トマスは、＜神的なるものは何か＞という問いには答えたけれども、＜神は誰であるか＞という問いには答えていない"、というのです。

　ではどうすれば、＜神は誰であるか＞という難問にこたえられるでしょうか？わたしはこれから"Divine Principle"の創造原理の内容を説

明していきます。トマスにとって、世界は、ギリシャの kosmos 秩序整
然とした統一体としての、宇宙であり世界なのです。そして世界は混
沌 (カオス) ではなくコスモスつまり秩序と調和であるということです。
これは、永遠の法則によって秩序と調和、ハーモニーを保ち、豊かな形
と美を持っている、このことがまず＜前提＞となっているのです。ただ
トマスの時代は、今だ科学が十分に発達していなかったことを考えてみ
なければなりません。このトマスの世界観、宇宙観をより詳細に見つめ
る必要があるのです。ローマの信徒への手紙、1 章 20 節には、" 神の
見えない性質、すなわち、神の永遠の力と神性とは、天地創造このかた、
被造物において知られていて、明らかに認められるからである。したがっ
て、彼らには弁解の余地がない " を手掛かりとして、この被造世界を調
べてみると、そこにはいくつかの法則があることがわかります。

　まず因果の法則です。実はトマスも＜＜五つの道＞＞をこのように説
明します。まず＜第一の道＞とは、運動の事実から初めて第一運動者、
第一動者にいたる、そして、＜第二の道＞とは、世界における結果から
出発して第一原因に至るというものです。そして＜第三の道＞とは、万
物の可能的存在つまり偶然者から初めて自己必然的存在つまり必然者に
至る、というものです。

　まず、＜第二の道＞について詳しく見ていきましょう。この世界に何
かが生じる、起こったとします。これには、起こった何らかの原因があ
るはずです。その原因には、さらに何かの原因があるはずです。その原
因はさらにその原因が—と考えていけば、それは無限にさかのぼること
になります。このように果てしなく続く原因をさらにさらに無限にさか
のぼっていくというような可能性を求める方法を、トマスは排斥します。
つまり、トマスが結論ずけるのは、原因の原因である第一の出発点を＜
第一原因＞としてそれを神と呼ぶのです。
　そして＜＜五つの道＞＞の中の＜第一の道＞としての、運動の事実か

ら初めて、第一運動者、第一動者にいたるという理屈も同じことです。つまり、この＜第一運動者、第一動者＞のことも神のことなのです。『Divine Principle』の創造原理も、トマスのように原因と結果の因果の法則を認めます。しかし、まず結果としての被造物、被造世界は目に見える、それに対して、見えない原因こそが神であるとします。それから、存在するものには因果律だけではなく類似の法則があるとします。この意味は、結果は原因に似るという法則です。例えば、子供は両親という原因の結果です。だから、子供は両親に似るわけです。だから、これを、神と人間にあてはめてみれば、人間は神を原因とした結果の存在であり、目に見えるものであるとともに、原因である神に似た存在である。だから、神は目に見えないけれども、人間と共通した姿かたちを持っておられるということです。創世記1章27節にある"神はご自分にかたどって人を創造された"とあるようにです。神に創造された人間や被造物は、神を原因としての結果ですから、これら人間と被造物を通して、神のお姿や神の属性を知ることができるのです。

　神を原因といいましたが、比喩として神を作家や建築家に例えることもできます。作家や画家や建築家がたとえ故人となったとしても、残された絵画などの作品や建造物やその人の生涯の歩みなどから、その人がいかなる人であったかを知ることができます。

陽と陰という共通点

　ここで『Divine　Principle』の創造原理は、被造物の原因であり創造主である神を知るために、被造物、被造世界を吟味します。すると、すべてが陽（プラス）と陰（マイナス）とでできていることがわかります。さらに目に見えない心のようなものと、目に見える体のようなものからできていることもわかります。さらに、すべてが主体と対象からなって

いることもわかります。そしてすべてのものは単独ではなく相対関係からなっていることです。これらの法則にも似た内容が、被造世界としての結果であるとすると、当然、原因である神もそれに似た内容から成っていることが類推できます。この上記の内容を詳しく見てみましょう。陽 (プラス) と陰 (マイナス) は被造世界のすべてに行き渡り網羅されていることがわかります。自然は光と影によって抑揚が与えられて美が現れています。昼の太陽と夜の月、広大な原野と狭い渓谷、音楽を聴いて明るい響きは＜長調＞で暗い響きは＜短調＞です。低い音は周波数が低く、高い音は周波数が高くなります。貨幣にも裏と表がありますが、発行年が描かれている方が裏だそうです。風が吹く場合、空気は気圧の高いところから低い方へと押し出されます。このように被造世界の存在する形態はすべてが陽 (プラス) と陰 (マイナス) の＜相対的＞関係から成り立っています。

　さて、問題は「神は誰であるか？」という問いかけを投げかけるとき、この被造世界のなかで最も神に似て創造されたという人間を詳しく観察する必要があります。まず、当然、人間も陽 (プラス) と陰 (マイナス) の＜相対的＞関係から成り立っているはずです。神が一体だれか？の問いに対して、回答を求めるためには、まず人間は、男性と女性から成り立っていることを銘記する必要があります。この男性と女性は陽 (プラス) と陰 (マイナス) の＜相対的＞関係です。このような関係は動物の雄と雌との関係にも見られます。また植物においても雄蕊や雌蕊、更に、電離した陽イオンや陰イオン更には陽子と電子の相対的関係にも見られます。

　このように被造世界という結果の世界が陽 (プラス) と陰 (マイナス) の＜相対的＞関係から成り立っていることは、原因である神もまた陽と陰からなっているはずです。類似の法則によって結果は原因に似るのです。被造世界の中の最も神に似た人間は、創世記 1 章 27 節にある " 神

203

はご自分にかたどって人を創造された" と言われていますから、神も男性と女性の姿があられるはずです。

　ここで必ずユダヤ＝キリスト教思想から当然、異議が入るでしょう。男性と女性という" 性別" は、被造世界の秩序における＜属性＞であって、創造者としての神にそのような" 性別" の＜属性＞をあたえることはできない、という反論が出るでしょう。何故そのように考えるのでしょうか？それは多分、旧約聖書のイスラエル民族や新約聖書のキリスト教徒は、歴史的に多くの異教の宗教と対峙してきたので、異民族の宗教でよくある" 性別" の考え方は避けようとしてきたからのようです。" 性別" というと異教の多神教を連想するからです。

　ところでカトリックには" カテキズム" という初歩的また基本的な教えというものがあります。これは初期のキリスト者たちの間で、洗礼を受けて信仰に入るための入門的な教えのことです。最初は口伝によって、後には要理書として書かれました。アウグスチヌスの『要理講話』は最も有名なものです。16 世紀の宗教改革後、開催されたトリエント公会議は、カトリックの信仰を正しく教える「カテキズム」に重きをおいたものでした。「近代の一大カテキズム」と呼ばれた第 2 バチカン公会議まで、日本のカトリック教会で使われていた『公教要理』も、これらの教理問答書をもとにしたものでした。1994 年の『公教要理』では次のように記されています。

　" 神の持つ親のような優しさはまた、母性のイメージによっても表現されえる。これは神の内在、創造者と被造物との間の親密さを強調している。こうして信仰の言葉は、人間の親の経験に近ずくのである。親は、ある意味で人間に対して神を代表する第一の存在である。しかし、この経験からわかるのはまた、人間の親は過ちを犯し、父性や母性をゆがめてしまいえるということである。それゆえに我々は、神が人間の性別を超越するということを思い起こすべきである。神は男でも女でもない。

神は神である。神はまた人間の父性も母性も超越する。とはいえ、神は父性や母性の起源と基準である。誰も神が父であるようには父でありえない "。

　このようにカトリックでは神が誰であるか？を説明しようとします。確かに、神に男性とか女性とかを当てはめようとすると、すでに述べたように異教の多神教の神々の意味合いに取られがちです。例えば、メソポタミア神話の女神ティアマト。エジプト神話の太陽神ラーは男性神です。オリシスとイシスではイシスは豊穣神でオリシスの妻です。ギリシャ神話の女神ガイアはウラノスと親子間の結婚をします。インド神話の破壊神シヴァの妻ドゥルガーは女神です。ケルト神話には地母神ダヌー。。というようにです。

　さらに、神を人間の父母のようだとすると、非常に誤解を招くものとなるでしょう。それは、人間の親も堕落したアダムとエバの子孫だからです。堕落した人間は心と体が分裂しいつも闘争していて、本当の意味の神のような真の愛で子供を愛することができないからです。そこで『Divine　Principle』" の創造原理では、一般の男性と女性と区別するために、根本または超越または源流として＜本＞を付けます。神の男性的な＜本＞陽性と女性的な＜本＞陰性とするのです。ただ、神の性別は決して無視できないのです。なぜならば、少なくとも堕落以前のアダムとエバも存在していたわけです。創世記 1 章 27 節には " 神は自分のかたちに人を創造された。すなわち、神の形に創造し、男と女とに創造された " と明確に述べておられるからです。この堕落以前の創造本然の人間は、決して普通の堕落した人間ではないのです。まさしく神のような、神のイメージとしての人間であり、それは男性と女性だったのです。もっと言えば、本来神聖な＜性＞であったものが、堕落によって＜性＞は忌まわしくなったのです。

今一つの問題は、長いユダヤ―キリスト教の歴史において、旧約聖書も新約聖書も神に対する聖書の像、イメージのほとんどが＜男性＞であることです。このことをA・E・マクグラスはその著『キリスト教神学入門』において、"キリスト教史における初期の霊的文献の注意深い検討へと展開し、こうした初期において女性のイメージが用いられているという事実が、次第に認められることになった" と述べて、その代表例がイギリスのノリッジのジュリアンに 1373 年に示された幻であるという。ノリッジのジュリアン (Julian of Norwich) は、イングランドの神学者。幻視にもとづいて書かれた『神の愛の十六の啓示』(Sixteen Revelations of Divine Love) でよく知られています。この本は、女性により英語で書かれた最初の本です。" 私は見た。神は我々の父であることを喜ばれる。また我々の母であることをも喜ばれる。さらにまた、神は我々の真の夫であって、我々の魂をその花嫁とされることを喜ばれる。神は礎である。実体であり、事物そのものである。本性によってあるところのお方である。神は事物が本質的にあるところのものの真の父であり、母なのである " と。結論として、神は誰であるか？の答えは、まず神は真の父であり母であられるということです。

心と体の共通点

　さて次に＜神は誰であるか＞を知るために、この被造世界に存在する他の＜共通点＞を探ってみると、すべては、目に見えない内性と目に見える外形を備えていることがわかります。最もわかりやすい例は人間です。人間には、目に見えない内性としての＜心＞と、目に見える外形としての＜体＞があります。確かに＜心＞は目に見えませんが、ある種のカタチを持っていて、その＜心＞のカタチが、その如くに現れたものが＜体＞なのです。一人の人間とは、目に見えない＜心＞とか魂とか精神

とともに、目に見える＜体＞つまり血、骨、肉、皮。が合わさって人間は命をもって生きているのです。しかし、一体＜心＞とはどこにあるのか？とは昔から様々な意見がありました。西洋では胸とか心臓にある。インドでは喉あたりに。中国では丹田に。日本では肝にあるなどと考えてきました。

　この＜心＞と＜体＞との関係については、さまざまな意見があります。西洋においてはデカルトの心身二元論に代表されるように、心と体を別々に扱います。しかし東洋思想において特に仏教では＜色心不二 (しきしんふに) ＞といいます。この意味は、色とは、目に見える物とか肉体のことで、心とは、精神とか霊魂とかを言います。しかし、この二つは、もともと区別がなく、一つだということなのです。＜色心不二 (しきしんふに) ＞と同じような言葉に＜心身一如＞というものもありますが、これは漢方医学の基本的理念です。西洋での科学は、心と身を分離することを基盤に出発しているので、西洋医学では，心身二元論が臨床的に用いられるのです。しかし人間は＜色心不二 (しきしんふに) ＞または＜心身一如＞のものとして存在しているのです。『Divine Principle』の創造原理では、＜心＞を＜性相＞と呼び、＜体＞を＜形状＞と呼びます。そしてこの＜心＞と＜体＞は、同一なる人間の相対的両面のカタチであるといって、＜体＞は第二の＜心＞であるといいます。だから、わたしたちは、人間の体の状態や顔を見ることによって、見えない心の状態や健康状態も判断できるのです。つまり、体は心の象徴でもあるのです。

　最近の医学でも、心身医学とか心療内科などが発達してきました。これらは、心と病気の関係についても密接な因果関係があるとわかってきたのです。病人が治るか否かは、病人本人が治そうという意思があるか否かによるというのです。心の働きが、がんを克服するにおいても大きな影響があるともいわれるようになりました。また胃病の場合、今まで

は胃という器官が障害となっていると考えられてきましたが、むしろ心の方が原因で体のほうに結果が現れる場合の方が多いというのです。

　また育児を取り上げてみても、人間の親だけが、その子供を誤って育てがちだといわれます。これは、すでに古代のギリシャ時代から、＜悪魔の愛情＞といわれてよく知られた事実のようです。つまり、溺愛したり過保護にしたり虐待的にガミガミとしかりつけたりして、自分の子供の心の正常な成長をゆがめてしまう、それによって子供の身体にも悪影響を与える結果となるのです。現代の病気の大半がストレスからくるといわれるのも、ストレスに陥った心が、体に悪い影響を与えるからです。『Divine Principle』の創造原理では、＜心＞と＜体＞の関係、つまり、性相と形状との関係は、無形で目に見えない内的な性相が、原因、主体、縦的なものです。そして有形で目に見える外的な形状は、結果、対象、横的で、各々が相対的な関係となっているのです。だから、例えば人間の＜心＞と＜体＞の場合も、この性相と形状の関係と同じなのです。＜体＞は＜心＞に似ているばかりではなく、＜心＞の知情意の命令のままに＜体＞は動じ静じるのです。

　さて、人間以外の被造世界、自然の被造物はどうでしょうか？そこで詳細に調べてみると、被造物の全ても、もちろん人間とはその次元は異なっているものの、人間の＜心＞のような目に見えない内的な性相があるのです。そして、それが原因、主体、縦的となって、人間の＜体＞のような外的な形状が動き静止しながら生活していることがわかります。動物においても人間の＜心＞のような動物の心があって、その動物の心を原因として、それに従って動物の体が動きまた静止します。

　そこで現在まで人々は、＜心＞とは脳の働きだとしてきました。動物は人間の脳のようなものがあります。ところが、最近、脳のない甲殻類や昆虫にも＜心＞があるとわかってきたのです。このことは、人間の＜

心＞は、ただ単に物質の脳の働きにのみによることだ、という考えにも疑問が投げかけられるという結果になってきました。森山徹という科学者がいます。彼は、『ファーブル昆虫記』によく出てくるダンゴムシに注目しました。英語では、ダンゴムシは、触ると丸くなる事のできる種類で "pill bug" とか "rolypoly" と呼ばれるようです。ダンゴムシには大脳がないといわれています。しかし、森山氏の実験によると大脳のないはずのダンゴムシにも＜心＞があることが分かったというのです。

　これは、従来の心とは脳だ、という考えを考え直す機会となったのです。普通、わたしたちは、人間や動物以外の下等な生き物には＜心＞のようなものはないと思ってきました。彼らはすべて機械的に生まれつき決定された行動をするに他ならないとみなしてきたのです。しかし、脳がないいわゆる下等生物にも＜心＞のような作用が認められるのです。このことは、＜心＞とは脳に宿るというよりも、もっと深く広い＜隠れた活動部位＞というような抽象的で無形な内的なものだといえるのです。

　これは、ミミズ (ダーウィンもこのミミズの行動を生涯研究して、ミミズも考えていることを結論ずけています) やアリやタコやヒキガエルにも言えるそうです。そのような生物のみならず森山氏によれば、＜庭先の石＞にも＜心＞があるのではないかというのです。石は静止しようと行動しているのだととらえるのです。芭蕉は " 閑けさやや岩にしみ入る蝉の声 " と詠いましたが、芭蕉ももしかして＜岩の心＞をも、とらえていたのではないかとも思われます。

　また、波動の研究家に江本勝という人がいます。江本氏は『水からの伝言』という写真集を出版しています。この写真集は水を凍らせて、その結晶を写真撮影しているのです。その結晶の形は、人間の心の発する思いや波動によって様々に変化する様子を鮮明に撮影しているのです。人間の心や意識によって水の結晶に変化が起こることは、当然、水にも

心や意識があるのです。江本氏の推測として、水には情報の理解や記憶の能力があるというのです。例えば、阪神大震災直後、その付近の水道水の結晶写真を撮影したとき、その結晶は被災した人々の深い苦悩やパニックを反映してか、水の結晶は散々壊れ果てていたそうです。しかし、3か月後、日本各地のみならず世界から援助の手が差し伸べられて、人々の温かい愛の気持ちが届き始めていました。そのころの水道の水の結晶はきれいな形になっていたというのです。

　植物にも植物の心があることはよく知られています。走光性や屈光性などは朝顔やヒマワリから観察できます。塩谷信男という医師がこのようなことを話しています。スコットランドでは、花や野菜をよく育てる人、園芸の才能のある人のことをグリーンフィンガーズ (green fingers) というそうです。草花を世話して指が青くなっていることからこのような名前がついているのです。水をやりながら花に声をかけるとよくそだつそうですが、この医師はそれは本当であるという。つまり草や花にも感情があって (心があるという意味でしょう) 人間の意思やエネルギーを理解して反応するからで、自分たちに愛情をたっぷり注いでくれる人に対しては、植物もよくそれにこたえて、すくすくと伸長するのだそうです。

　塩谷医師もこのような経験があるそうです。住んでいたマンションの部屋の窓をふさぐように二本の樹木が伸びてきたことがあるそうです。そのまま伸びると風光明媚な空も海もほとんど見えなくなってしまいます。それでその樹木に語り掛けました。" 悪いが、これから海の方へ向けて伸びてくれないか。潮風に逆らうことになってつらいだろうが、何とか頼むよ " すると樹木がそれに答えてくれて、窓をふさいでしまわないように海へ向けて幹を曲げてくれたのだそうです。この体験のみならず塩谷医師は、シクラメンの葉を使っても実験をしてみたのです。部屋

にあるシクラメンの鉢から、形の似た 4 枚の葉を切り取って、底の広いプラスチックの容器に横に並べます。左から 1，2，3，4，と番号を付けます。ただ、2 の葉っぱには " お前は強いぞ、枯れないぞ。枯れるな、枯れるな " と語りかけてじっと見つめる。それを数日続けました。すると 2 の葉っぱは、1 か月近くも枯れなかったというのです。これを見ても、生きた植物のみならず無機物にちかいような葉っぱでも人間の心や愛情に反応することがわかります。このことは鉱物など生物でもないものでも、心のようなものがあることを示しているのです。

　つまり、分子にも人間の心に相当する内面性があり、陽イオンと陰イオンを結合させて分子を形成するように命令する原因的要素としての内面性があるのです。また分子を形成している原子にも内面性があります。つまり、陽子を中心として電子がまわるようにさせる内面性があるのです。原子を形成している素粒子にも陽的な性相と陰的な性相があるのです。内面性とはエネルギーのことです。人間のみならず被造世界、自然も皆、最終的にはエネルギーとして存在しています。エネルギーには二種類あります。まず波動性エネルギーで、これは精神的面のことです。他の一つは、粒子性エネルギーで、これは物理的面を表しています。波動性エネルギーと粒子性エネルギーの作用を『Divine Principle』では＜内命性＞と規定しています。この両エネルギーの中の波動性エネルギーこそが、被造世界、宇宙、自然の根本であり、そのまた根源こそが神なのです。

　このようにして、＜神は誰であるか＞を知るために、この被造世界に存在する他の＜共通点＞を探ってみると、存在する形態はすべてが陽（プラス）と陰（マイナス）の＜相対的＞関係から成り立っているとともに、＜心＞のような性相と＜体＞のような形状の＜相対的＞関係からも成り立っていることがわかります。だから＜神は誰であるか＞は、本

陽性と本陰性とともに本性相と本形状を持っていることがわかります。"Divine Principle"では、陽性と陰性のことを＜二性性相＞と呼び、性相と形状も＜二性性相＞の姿を持っているのです。＜二性性相＞とは、両面的な様相、つまりそのものの姿であり状態のことです。だから被造世界の根本であられる神は、本陽性と本陰性とともに本性相と本形状の各々の＜二性性相＞から成り立っていることがわかります。神においてはそれらが中和的な統一体となっているのです。神は見えませんが、人間の心と体のように、二つの属性の姿や状態を持っているのです。

　ここで最も核心的なことは、人間にとって体よりも心がより重要であるように、神にとっても本形状よりも本性相の方が中心なのです。"神は愛です"(ヨハネの手紙一。4章16節)と聖書は語っています。神の心である＜本性相の中心＞と＜愛＞が関係しているのです。実は、＜本性相＞の根源的中核こそが＜神の心情＞なのです。神の心情は、真実の真の愛の源泉であり根なのです。神の心情から真の愛、真実の愛が出てくるのです。

　『Divine Principle』では、神の心情から真の愛が出てくると説明します。人間は真の愛、真実な愛を実践し行動に移すことによって＜人格＞が形成されると主張します。神は心情の源泉であり根源者です。さらに神は人格的な存在です。東洋思想の中心は＜易学＞ですが、その説くところでは、宇宙の根本は太極であり、そこから陰と陽が現れ、その陰と陽から木火土金水の五行が現れ、五行から森羅万象が生成されたというのです。太極とは、ユダヤ－キリスト教における神のことでしょう。

　ところが、森羅万象つまり自然のなかの＜共通点＞をただ陰と陽のみ見ていて、心に該当する性相と体に該当する形状については言及していません。だから太極は、心情や愛や人格を示していないのです。この教

えでは、神は、愛と人格によって人間や歴史に対するのではなく、神に
代わる天が現れます。そこから運命とか宿命などが強調されて、人間と
の関係は、はなはだ冷たいものになったのです。そのような東洋思想ば
かりではなくイスラム教やユダヤ教でさえも、ともすれば神を人格神と
はとらえられずにきたのです。以前、旧約聖書の詩編を取り上げて、大
海で貿易船が暴風雨にさらされた場面を説明しました。その詩編の描写
において、＜主が命じられると暴風が起こって、海の波を上げた＞とい
うのがあります。船乗りたちは絶望の中で途方にくれます。

　ところが＜深いところで (船乗りたちは)、神のくすしき、御業を見
た＞というのです。つまり、絶望の中での船乗りたちは、祈り呼ばわっ
たのです。それを見て聞いた神は、奇跡をもってその船を救われたので
す。さて、船乗りたちが無神論者であれば、このような時にどのような
行動をとるでしょうか？また東洋的な天を抱く人々ならばどうするで
しょうか？またイスラム教徒であれば多分、皆、その暴風雨などを運命
とか宿命とか因果応報だとか不運だとか考えることでしょう。しかし、
神は非人格的な天ではなく、＜人格＞を持った神であるという場合は、
希望があるのです。暴風を起こしたのが神ですが、その人格神に＜訴え
て祈る＞ことができるのです。さらに、神が心情であり愛であるという
ことがわかれば、もっと希望が湧くのです。

　ここで、結論として、神と被造世界 (被造万物、自然) の関係を述べ
ておきます。被造世界は、神によって創造されたのですが、このことは、
神という無形であられる＜主体＞が、目に見える実体として分立された
＜対象＞となったということです。この目に見える実体となった＜対象
＞には、人間と人間以外の被造物とに分かれます。人間は、聖書にある
ように神の似姿として、神のイメージとして創造されましたから、神の
形象的 (似姿、イメージ) な実体の＜対象＞です。それに対して、人間
以外の被造物は、神の象徴的 (シンボル) な実体の＜対象＞です。ここで、

後ほど述べていくにおいて、明確に理解すべきことは、神と被造世界との関係は、性相と形状との関係と同じでだということです。特に、神と被造世界の中心であり、神の似姿としての人間との関係は、＜主体＞と＜対象＞としてあるということです。

2) 神は絶対的主体

　宇宙論的な神の存在証明は、キリスト教の古代から中世をとおして大きな影響を与え、この考え方は現在も大きく取り入られています。これは、パウロのローマ人への手紙、1章19－20節にもあるように、聖書的根拠もあるのです。しかし、近代において、大きく注目され始めたのが、人間の主体を重視する考え方です。特にデカルトとカントの出現です。デカルトについては、既に以前、述べました。中世カトリックにおいて最高の実体は神でした。その神に付随する被造世界と人間という図式が長く支配していたのです。それを打破しようとして、すべてを疑い、すべてを否定し去ったデカルトが、そこに発見したのが Cogito ergo sum(われ思う、ゆえにわれあり) でした。神も世界もなにもかも、真実であるのか、実在するのかを、疑おうとすれば疑うことができます。

　しかし、こうして、自分が疑い考えていることは決して否定できない確証であるというのです。つまり、人間こそが世界の主体であるという宣言です。しかしカトリック思想は宇宙論的な神の存在証明を現在に至るまで固執し続けていて、この考え方も実は誤ってはいないのです。ただ新教つまりプロテスタントは、カントやシュライエルマッハーなどの主体性の考え方に影響をうけて、＜信仰＞を倫理や道徳的によって再考する方向にかじを切ったのです。実は、これも、聖書的根拠としての、創世記 1 章 27 節の " 神はご自分にかたどって人を創造された " という

ことと関係するのです。この聖句を根拠として、神を追い求め論証することなのです。それは、哲学思想の近代的主観性または主体性の成立が、主な動機となっているのです。神学者のブルトマンなども、実存の根底に神を見出すという実存神学を探求していくのです。

3) 我と汝 (なんじ) の関係

　キリスト教は、ローマ帝国のもとで、初期のころは迫害されましたが、西暦 313 年、ついにコンスタンチヌス大帝によって公認されて、その後、長い中世ヨーロッパを経てきたのです。ところが、近代を迎え、ルネッサンスや宗教改革などが起こって、ついに、まるで神を押しのけるかのように " 人間 " が浮上してきました。人本主義、ヒューマニズムが幅を利かすようになり、人間の主体性や主観性が我が物顔で闊歩するようになりました。人々、特に産業革命を推進したヨーロッパ人たちは、歴史の進歩を謳歌し、楽観主義が一世を風靡していたのです。ところが、思わない悲劇がヨーロッパを襲います。それが、第一次世界大戦です。この未曽有の大戦争は、ヨーロッパを完全に破壊しつくしたのです。この世界大戦を経験した思想家たちは、歴史や思想を深く考え直すようになります。

　既ににのべたように、近代の思想は、人間の主体や自我をますます肯定し拡張して行くようになりました。一方、科学の進歩や産業革命などによって資本主義が発達して、その資本主義社会が、人々を予期しない状態に追いやるようになっていくのです。例えば、個人は、多くの会社の中に組み込まれたり、組織の中の小さな機械的な歯車になっていく、自己疎外を経験するようになります。それらの自己や社会の抱える＜自己矛盾＞が、一つの原因となって世界大戦が勃発したのだ、という再考が

起こりました。第一次世界大戦が勃発したのは、1914年のことです。さらに、その3年後にはロシア革命がおこります。歴史家のシュペングラーは『西洋の没落』という本を発表しました。キリスト教の神学界においては、カール・バルトが、そのころ、後に有名になる『ローマ書』を執筆していました。この『ローマ書』は、第一次世界大戦が終結した1918年に完成しました。それとともに、理想主義的ドイツ観念論や楽天的な自由主義神学は失墜していったのです。

　正統主義は、聖書、教会、伝統などを重んじるのですが、それに対して、自由主義神学は、ルネサンス、人本主義、ヒューマニズムの影響下において、18世紀の啓蒙主義に立って、伝統的教理や信条，聖書や教会の権威からの自由を求めました。また人間の主体的な判断や、信仰の実存に基ずいて神学を探求しようとするものです。その代表がシェライエルマッハー、リッチュル、ハルナック、トレルチです。バルトは、『ローマ書』を執筆するうちに、もはや自由主義神学のように人間的哲学的な内容では、すでに崩壊に面していたヨーロッパの文化や社会を救うことはできなかった、(それが第一次世界大戦の一つの原因)と悟るようになります。

　ここに、世界を救うことができるのは＜神だけ＞だということを確信するのです。バルト、トゥルナイゼン、ブルンナー、ブルトマン、(ゴーガルテン)は、＜神の言葉＞を掲げたのです。それまでのヨーロッパ文明の文化や社会や学問の中には、本当の絶対者としての神は存在していない。いわば、本当の絶対者を土台としていない、人間的な伝統の上に、砂上の楼閣のように建立されていたというのです。そこで既存の伝統の文化や社会を否定することを目指したバルトの神学は、"ヨーロッパの伝統"から見れば、危機をもたらすわけですから＜危機神学＞とか＜弁証法神学＞と呼ばれたのです。

216

　そのころユダヤ人の宗教哲学者であるマルティン・ブーバーが、『我と汝』という名著を著しました。ブーバーもまた、第一次世界大戦を契機として湧き上がってきた、様々な思想や哲学や神学と同じような問題意識を抱いたのです。ブーバーは、デカルトなどから始まった人間主体意識が、まるで不安定な一輪車を運転するように突っ走ってきたことを指摘したのです。神学者のバルトは、" 人間から神へ "、特に神の言葉 (聖書) への転換を呼び掛けたのですが、ブーバーは、" 単独の人間から＜関係性＞ " を訴え、＜初めに関係がある＞と主張したのです。デカルトなどの人間の主体性や自我は、神を否定し、自然を否定し、人間観においても、このような人々は孤立して、それでも、自分たちは進歩し発展していると思い込んできたというのです。＜我＞という自我を立てれば、すべてがうまくいき、すべてが成立すると錯覚してきたというのです。まるで、一本足で立っているか、不安定な一輪車に乗っているような感じです。

　そこで、ブーバーは、＜我 - それ＞と＜我 - なんじ＞こそが根源的な対応語であると言ったのです。＜我＞という自分は、それだけでは存在しないというのです。平易に言えば、単独ではどうにもならない、それは無に等しいわけです。＜関係＞こそが、すべての根本にあるということなのです。しかし、この＜関係＞には、二種類のものがある。まず、＜我 - それ＞の根源語と＜我 - なんじ＞の根源語です。＜我 - それ＞の根源語とは、我という人間と、それとしてのペンなどとの関係です。我としての人間は能動的ですが、ペンは受動的です。能動的な主体としての人間が、受動的な客体としてのペンにかかわるわけです。主体は＜我＞であり客体は＜それ＞です。この関係こそが＜我とそれ＞の根源語なのです。ところが、いまひとつの重要な関係、根源語こそが＜我となんじ＞なのです。この＜我となんじ＞こそが、マルティン・ブーバーが、第一次世界大戦を契機として強調したかったことなのです。

この＜我＞と＜なんじ＞の関係は、いままで述べてきた＜我とそれ＞との関係とは全く異なる内容です。＜我とそれ＞との関係には、人格の交流がないというのです。それに反して＜我＞と＜なんじ＞においては、＜我＞は能動的な人格を持った主体であり、＜なんじ＞もまた能動的な人格を持った主体なのです。例えば、我としての自分と、一本の樹木があります。わたしはこの樹木を、大空を背景にした一服の絵として、受け取ることができます。また樹木の内部の網状組織、根の吸収作用、葉っぱの光合成作用などの運動や活動として見ることもできます。こうして、わたしが、樹木の種類や法則や含まれている数式などで見ている場合には、樹木は＜それ＞です。しかし、ある時、樹木全体との＜関係＞のなかに引き入られることも起こりうる。その時、樹木は、もはや＜それ＞ではないのです。樹木との関係は相互的であり、そのとき、わたしは樹木そのものと出会っている。

　他の例でいえば、メロディーは、単に音のつながりではない、詩は、単なる単語を並べただけのものではない、彫刻もただの線から作られているのではない。これらを引きちぎり、ばらばらに裂くならば、＜統一＞は多様性に分解されてしまう。(わたしは、ふとヘルマン。ヘッセの『少年の日の思い出』のなかの蝶をめぐる話を思い出します。このヘッセの思い出の少年は、友人がクジャクヤママユという稀にしか見ない美しい蝶を持っている事を知って、ひそかに見に行って盗んでくるという話です。母親にいさめられて盗んだことへの良心の呵責から、寝る前に自分の持っていた蒐集していた蝶を一つ一つ取り出し、指で粉々につぶしてしまった、という。

　このヘッセの思い出とは別の話ですが、子供は蝶や動物を、もっと知りたいとする場合、時として、蝶や動物をバラバラに分解することがあります。心理学者のエーリッヒ・フロムによれば、"秘密をむりやり知

ろうとして、蝶の羽を残酷にむしり取ったりする。この残酷さは、もっと深い何か、つまり物や生命の秘密を知りたいという欲望に動機ずけられている " という。人間においても猟奇的バラバラ事件がメディアを騒がせることがあります。これも、同じ動機でしょうか？）上記の樹木やメロディーや詩や彫刻も、ばらばらに裂くならば、＜統一＞は分解されてしまって＜なんじ＞との関係は成立しえないのです。" 秘密 " を知る、または真の相互交流によってその人や樹木を完全に知るもう一つの方法こそが＜愛＞です。その愛による結合と統一の体験によって、真実に知るのです。さて、メロディーや詩や彫刻をバラバラにしてしまうと統一は、多様性に分解されてしまいます。そのことは、人間の場合にも当てはまります。わたしが、ある人に対していた時、その人の髪の色とか、話し方、人柄などで、その人を特徴ずけることができます。しかし、そうすることによって、往々にして、その人はすでに＜なんじ＞ではなくなってしまうことがあります。

　このブーバーの＜我となんじ＞の思想は、神と人間の関係にも応用することができるのです。第一次世界大戦以前に持てはやされた、人間主義や主体性の考えや自由主義神学は、いわば、神を理論や観念によって吟味しバラバラに分析しすぎたのです。それで、神を＜それ＞としてのみとらえて、神を＜なんじ＞とみなすことができなかったのです。エミール・ブルンナーはその著『聖書の「真理」の性格』出会いとしての真理』において、＜神は汝 (なんじ)、能動的主体と見られなければならない＞と主張したのです。
　『Divine Principle』と文鮮明師の思想も、主体と客体 (対象) を最重要視します。文師の思想を紹介しながら論じていきます。神が被造世界という万物、環境を創造されたのですが、その万物、環境の公式はなんであるかといえば、それこそが、＜主体と客体 (対象) ＞であるというのです。神は、その万物と環境の中心に人間を創造されました。だから、

創世記1章27節に"神はご自分にかたどって人を創造された"とあるのです。人間は被造万物の中で最高で中心的位置を占めているのです。だから神とわたしたち人間との＜関係＞を、明確に理解する必要があるのです。この＜関係＞を深く理解することは人間にとっても最重要なことですが、神にとっても重要なことなのです。

　ここで、神のイメージとして創造された、わたしたち人間にとって＜人生において最も貴重なものは何ですか？＞と問われます。わたしたち人間は歴史を通して、さまざまな事柄を重要視してきました。それは、今も昔も変わらないでしょう。ある人は、重要なものは、力（パワー）や地位や名誉や知識や特に金銭などを上げるでしょう。しかし最も貴重なものは＜愛＞であるという結論になります。聖書は、"信仰と、希望と、愛、この三つは、いつまでも残る。その中で最も大いなるものは愛である"（コリントの信徒への手紙一，13章13節）といっています。愛に次いで貴重なものは生命であり、それに理想や希望もまた貴重なものです。そしてこの愛や理想は、それ自体で単独では無意味であり空虚なものです。理想は、誰かと分かち合い、愛も、相互に主体と客体が愛する者と愛される者となって、相互作用（授受作用）することによって＜関係＞が成立してはじめて成り立つのです。愛と理想は、単独のまま、または、主体と対象がお互いにただ突っ立っているだけ、ただにらみ合っているだけでは、それは、まるで、植物の花にたとえれば、＜つぼみ＞のままなのです。主体と対象は、能動的な主体としてお互いが愛や理想を与えまた受けなければなりません。そこで初めて＜つぼみ＞は＜満開の花＞となるのです。

　これは以前も述べましたが、キリスト教神学においては、近年になって〈愛〉というものが、非常な論議の的になってきたのです。キリスト教の古代からの伝統に立脚したアンセルムスやトマス・アクィナスは、神から人間に、一方的な配慮や慈悲のような形で愛を説いてきました。

その場合、確かに、神ご自身が無感動に苦しみも喜びも感ずることなく愛する、ということを語ることができました。しかし、20世紀になり人々は、はたして、愛する、または配慮する相手の立場や状況を考慮することなく、何の感情の影響も受けることなく愛したり配慮したりできるのだろうか？という疑問を持ち始めたのです。つまり、喜びや悲しみや苦しみというものを＜相互＞に＜関係＞を持つことによってのみ、愛ということが成立するのではないのか？ということです。

　さらにもう一度、聖書の創世記のみ言葉を思い出しましょう。"神はご自分にかたどって人間を創造された"ということです。このことは、神は人間を自らの対象としていることです。つまり、神と人間は、主体と対象の関係にあるということです。これはなんという驚くべきことではないでしょうか？ここでわたしたちが銘記すべきことは、人間は神の前に＜価値のある存在である＞ということです。人体において右手に対する対象は左手です。右目に対しては左目です。方角において東だけでは成り立たないのです。対象としての西が必要です。対象の占める価値は絶対的にして必須です。もっと身近な例として、自動車を上げます。

　対象の価値の重要さを考えてみたとき、自動車の右のタイヤだけでは、自動車は作動できないのです。対象としての左のタイヤがあってこそ自動車になるのです。また、偉大な政治家が一人壇上ですばらしい演説をしているとします。しかし対象としての観客が誰もいない場合、その演説はばかばかしいものです。しかし、その観客室に一人の小さな少年または少女がいたとすれば、どうでしょうか？その演説は当然成り立つのです。このように対象は、たとえ小さなものであっても貴重な価値を持っているのです。多くのクリスチャンは、自分が神の前に、罪びとであり、塵アクタかウジ虫のようだといいがちです。だから神と人間との間には大きな溝がまるで渓谷の濁流のように横たわっているのです。人々は夢

にも自分が神の＜重要な対象＞であるなどとは考えなかったのです。人間は神の似姿として神のイメージとして息子、娘として創造された、神の対象なのです。すでに以前、人間には責任分担があると述べました。それは、神の対象として重要な位置を占めている、ということがわかれば、当然、そのことが理解できるはずです。何かの仕事をする場合、信頼できる自分と同等の力と能力を持った相手にも分担してもらいたいと思うのです。実は本来人間は、神の前にそのような価値を持っていたのです。

　神と人間は主体と対象の関係であることがわかりました。ここで、神に属する愛や生命や理想や絶対性や永遠性と人間との関係を考えてみます。神は愛の主体であり、生命の主体であり、理想の主体であり、神は絶対性を持つ主体であり、神は永遠の主体です。するとここで大変なことに気が付くのです。それは、人間は神の対象であるから、主体としての神に属するものは、すべて、対象としての人間にことごとく同じように含まれているということです。つまり、人間は神の愛の対象であり、神の生命の対象であり、神の理想の対象なのです。

　また主体としての神が絶対であれば、対象としての人間も絶対なはずです。さらに重要なことは、主体である神が永遠に存在するお方であるとすれば、対象である人間も永遠に存在するはずなのです。例えば、愛の主体である神が対象としての人間を愛する場合、もし人間が神のように永遠に生きる者ではなく、はかない有限の生命しか持たないとすれば、その愛はむなしい、まるで一瞬の花火のようなものでしょう。とても永遠の真実の愛を語ることすらできないでしょう。神は明確に " 神は神の似姿として、人間を創造された " とあるのです。このことは、わたしたち人間は永遠なる神に属するもの、神の性稟 (せいひん。本来備わっている性質) を完全に映す者であるということです。対象は主体の＜完全なる反映＞なのです。さて、この書物の結論を記していきます。この書

物の題目は " 苦しんでいる人類のゆえに、神様はあまりにも悲しんでおられます。" という啓示を表題として、いかに心情の神を正しく知るか？ということです。読者はもうすでに、なぜ、神はあまりにも悲しんでおられるか？がお分かりになられたと思います。ここでキーポイントとなる 2 つの事柄を述べます。

　まず、最初のキーポイントは、神が被造世界とその中心に人間を創造された目的は＜神がそれを見て喜びを得るため＞でした。創世記 1 章 4 － 31 節は、そのことを明確に神は被造物の創造が終わるごとに＜神はそれを見て良し＞とされたということが記されています。では、被造物そして人間が一体どうなれば、神は一番喜ばれるのか？ということです。だから、更に、創世記を読んでいくと、28 節に、" 神は彼ら (アダムとエバ) を祝福して言われた。生育せよ、産めよ、増えよ、地に満ちよ。万の物を治めよ " と言われています。これは、三大祝福を神が人間に与えられたことですが、以前、既にこの三大祝福に関しては随分、詳述してきました。つまり、神は人間に三大祝福を与えられたのですが、これは神の愛であり神の責任分担でした。問題は三大祝福を与えられた人間が、人間の責任分担として、それを信じ成就することが要求されているのです。その人間の責任分担を成就し神の国、地上と天上の天国を建立して、人間自身がまず喜ぶときに、神もまたその喜ぶ姿を見て喜ばれるはずでした。

　ところが、イエス・キリストが若き文鮮明師に現れて語られたように、" 人間が苦しんでいる故に神は非常な悲しみを味わっておられる " ように、人間は三大祝福を完成しておらず、神の国も建設しておらず、戦争に明け暮れて、苦悩と悲劇のなかにいる。人間は喜んでおらず、苦悩しているのです。それで、神はそれを見て非常な悲しみの中におられるのです。伝統的なユダヤ－キリスト教の神観 - 無感動、アパシーの神 - は

誤っているのです。何故、神が非常に悲しみの中におられるのか？は、もちろん、人間が三大祝福を全うできずに神の国がいまだできていないことです。これは、神が人間と完全に交互作用、授受作用ができていないのです。喜びというものは、一人単独でいては実感できないのです。神はお一人でおられて、まるで眠ったままのような状態にい居られるのです。その理由は、神は人間と喜びや悲しみや理想や意見を＜共有＞して交互作用や授受作用ができていないからです。つまり、人間は神の完全な＜対象＞にいまだなりえていないからです。それでは、どのようにして神の完全な＜対象＞となり、神と一つになることができるのでしょうか？その第一歩こそが＜愛＞であり、＜愛による調和＞です。

　だから、聖書においてイエス・キリストに、ファリサイ派の中の一人が、"律法の中で、どの掟（おきて）が最も重要でしょうか"と質問したとき、＜心を尽くし、精神を尽くし、思いを尽くして、あなたの神である主を愛しなさい＞。これが最も重要な第一の掟である。第二も、これと同じように重要である。＜隣人を自分のように愛しなさい＞"と語られたのです。

　もう一つのキーポイントは、神と人間との関係は＜親と子供＞との関係である、ということです。聖書の創世記には、"神はご自分にかたどって人を創造された"とありますが、このことは、神と人間とが＜親子の関係＞であることを示しているのです。しかし、人類歴史を通して＜親子の関係＞であることを実感した人間はほとんどいなかったのです。ということは、誰も神との関係において本当の＜満足＞と＜幸福＞を感じた人はいないということです。神との関係を結ぶにおいて、人間が＜僕＞とか＜召使＞の立場では満足や幸福は感じられないのです。神との関係において、人間が＜友人＞であってもまだ満足や幸福は完全ではないでしょう。まだまだ神との間はそんなに緊密ではありません。しかし、唯一、神と最も緊密な関係があるのです。それは神の＜息子・

娘＞になることです。その息子娘の立場は神から直接に深い真実の愛を受けることのできるのです。そうなれば、最終的な＜満足＞にたっすることができ＜幸福＞になることができるのです。

　トマス・アクィナスがその著『神学大全』において、人間の究極目的への到達が＜幸福＞であるとして、その境地は ˝神の本質直観˝ であると結論しています。これは＜顔と顔とを合わせて神を見る＞（コリントの信徒への手紙 1.13 章 12 節）のことです。それに対して文鮮明師は、こういう境地は ˝この完成された神の命に生きるということは、なんという素晴らしいことでしょう！˝ と語られて、˝いかなる地上の喜びにも勝る、真の喜びの生活なのです˝ とも言われます。トマスや聖書には＜顔と顔＞とを突き合わせて神と出会うことは、＜心と心＞を合わせて神と生活をすることであるということです。つまり、神の内奥の真髄である＜神の心情＞と人間の中心の＜心情＞が合体すること、真実の愛の関係を結ぶことです。

　今から 2,000 年前にイエス・キリストは、初めて神を「アッバ、父よ」と呼びかけておられました（マルコによる福音書 14 章 36 節）。アラム語の「　アッバ」は、「おとうちゃん」という最も親しみが込められた意味の言葉です。イエスは神の子供であるから、神に対して絶対の信仰と信頼を寄せておられました。ところが、今も昔も、神に対して「アッバ、父よ」と呼びかけることすらできない私たち人間は、運命や宿命や偶然に翻弄されて、人生のあらゆる問題に思い煩い不安を抱いて生きているのです。そのことをよくご存じのイエスは、思い悩まないように、わたしたちに語られるのです。例えば、空を飛ぶ鳥たちを指示して、神が鳥たちを養っていてくださることを説きます。そして、人間は鳥よりもはるかに価値のあるものであるから、更に養ってくださると語られるのです。

　そこで、イエスが強調したかったことは、すべての人間も「アッバ、

父よ」と呼びかけることができる神の子供であるということです。このようなイエスの説明は、野の花のことにも言及します。野の花は働いたり紡いだり、織物をしたり裁縫をしたりするわけではないけれども、神によって着飾ってもらっているといわれるのです。その草花の命ははかないものです。今日、生えているけれども、明日は炉に投げ込まれるかもしれない、はかないものです。それでも神は手厚く配慮して装ってくださるのです。そのような野の草花と比べてみて、人間は考えられないような配慮と愛を神から受けているといわれます。そこでイエスは＜信仰の薄い者たちよ！＞と嘆かれるのです。それは、人間は神に対して「アッバ、父よ」と親しく呼びかけることができる神の子供である、ということをもっとよく知って信仰するのだという戒めです。

　文鮮明師もあるとき、神との神秘的な境地に入って＜宇宙の根本は何か＞について深く調べられたそうです。神からの返事は＜親と子供の関係が宇宙の根本である＞と答えられたそうです。ここから文鮮明師は、"すべてをゆだねて、御心のままになさしめたまえ、という心が必要である。神は親であられるから、わたしたちが、一番幸福を感じ満足を感じられるところへ導かれる"といわれるのです。イエス・キリストが＜思い煩うな＞といわれたと同じ意味です。また、"神と人間との真の関係は、＜主体＞と＜対象＞の関係です。私たちは、神の息子であり、娘なのです。ひとたび神と一体化したならば、もはや何ものも、悩ますことはできません。この世のいかなる悲しみも、孤独も、病も、あるいはその他のいかなるものも、わたしたちを落胆させることはできません。神は最終的な保障です"といわれます。このようになれば、それは人間の喜びと幸福ばかりではなく、神もまた長い歴史渇望さ△3れてきた神の幸福と喜びに至るのです。

参考文献

『聖書』 新共同訳日本聖書協会

『The Holy Bible』New King James version(Thomas NelsonInc.1994)

『Divine Principle』(『原理講論』光言社)

『世界への神の希望 1』文鮮明師（光言社 .1995）

『平和を愛する世界人として』文鮮明師（株式会社創芸社 .2012）

『キリスト教神学入門』A.E. マクグラス（教文館 .2002）

『聖書思想辞典』 X。レオン デュフール（三省堂 .1983）

『新約聖書の真実』宮原　亨（グッドタイム出版 .2015）

『Faith Alone』.Martin Luther(World Bible publishers.1998)

『神の痛みの神学』北森嘉蔵（講談社 .1985）

『愛するということ』エーリッヒ・フロム（紀伊国屋書店 .1991）

『Silence』.Shusaku Endo（『沈黙』遠藤周作

Picador Modern Classics.2016）

『聖書の読み方』 北森嘉蔵（講談社 .1971）

『神の伝記』ジャック・マイルズ （青土社 .1997）

『The God we never knew』MarcusJ.Borg (Harper San Francisco.1997)

『Mere Christianity』C.S.Lewis (Harpe San Francisco.1980)

『ユダヤ教の人間観』エーリッヒ・フロム（河出書房新社 .1980）

『歎異抄』（岩波書店 .1994）

『トマス・アクィナス＜神学大全＞』稲垣良典（講談社 .2009）

『三位一体と神の国』J. モルトマン（新教出版社 .1990）

『ソフィーの世界』ヨ - スタイン・ゴルデル（日本放送協会 .1995）

『心を癒すふれあいの心理学』国分康孝（講談社 .2000）

『宗教の哲学』ジョン・ヒック（勁草書房 .1994）

『The Prophets』.Abraham J.Heschel (Harper&Row.2001)

『Night』Elie Wiesel (Hilland Wang.2006)

『自在力』塩谷信男（サンマーク出版 .1998）

『自在力 2』塩谷信男（サンマーク出版 .2002）

『我と汝。対話』 マルティン。ブーバー（岩波文庫 .2012）

『キリスト教の人生論』桑田秀延　（講談社 .1990）

『祈祷の生涯』佐藤雅文（いのちのことば社 .1997）

『カール。バルト』大島末男（清水書院 .2015）

『Adam Eveand the Serpent』Elaine Pagels (Vintage Books.1989)

『ほんとうの生き方を求めて』八木誠一（講談社 .1985）

前田　　誠（まえだ　まこと）

三重県出身．早稲田大学第一文学部哲学科卒。

現在　アメリカ合衆国　　フロリダ州在住。大学卒業後、アフリカ。ヨーロッパなどでジャーナリスト、宣教師として活躍。アフリカでは日本の総合商社やメーカーの人々と日本政府の対アフリカ援助活動に参加。その後，農場，牧畜のマネージャーや文房具製造販売会社の倉庫，製品管理のマネージャー。まず，日本の建設省の雑誌"治水"に世界の河川文化, 文明論を連載．それ以降，様々な雑誌や新聞に本格的に物語や記事をする。

著作『真の愛を求めて』。『ExploringTrue　Love:Secretsof theGarden』。『Feel BetterFast With Acupressure』。『アメリカ人の夢見るフロリダ半島』。

神と出会うということ

人間の苦悩ゆえに神は悲しまれている

2021 年 1 月 15 日　発行

著　者　　前田　誠 (Makoto Maeda)

発行人　　武津文雄 (Fumio Fukatsu)

発行所　　グッドタイム出版 (Goodtime Publishing)

発行所 住所　〒 104-0061
東京都中央区銀座 7-13-6　サガミビル 2F

編集室　〒 297-0002
千葉県茂原市千町 3522-16
電話 0475-44-5414　FAX0475-44-5415
E-mail　fuka777@me.com

ISBN 978-4-908993-21-3